BASTEI
LÜBBE
TASCHENBUCH

Über die Autorin:

Angèle Lieby wohnt zusammen mit ihrem Mann im Elsass. Dort traf sie den Journalisten Hervé de Chalendar, mit dem sie zusammen ihre Krankengeschichte aufschrieb. Ihr Buch soll all jenen Hoffnung machen, die an einer schweren Krankheit leiden: Solange man nicht tot ist, ist Heilung möglich.

Angèle Lieby
mit
Hervé de Chalendar

Eine Träne hat mich gerettet

Sie hielten mich für tot,
aber ich kämpfte mich zurück ins Leben

Aus dem Französischen von
Monika Buchgeister

BASTEI LÜBBE
TASCHENBUCH

BASTEI LÜBBE TASCHENBUCH
Band 60790

3. Auflage: September 2014

Dieser Titel ist auch als E-Book erschienen

MIX
Papier aus verantwortungsvollen Quellen
FSC® C014496
www.fsc.org

Vollständige Taschenbuchausgabe

Bastei Lübbe Taschenbuch in der Bastei Lübbe AG

Deutsche Erstausgabe

Titel der Originalausgabe: »Une larme m'a sauvée«
Originalverlag: Les Arènes, Paris

Textredaktion: Josefine Janert
Umschlaggestaltung: Tanja Østlyngen
Umschlagmotiv: © una.knipsolina/photocase.de
Satz: hanseatenSatz-bremen, Bremen
Gesetzt aus der Stempel Garamond LT Std
Druck und Verarbeitung: GGP Media GmbH, Pößneck
Printed in Germany
ISBN 978-3-404-60790-7

Sie finden uns im Internet unter
www.luebbe.de
Bitte beachten Sie auch: www.lesejury.de

Für Cathy, Célia und Mélanie –
in der Hoffnung, dass diese bescheidene Erzählung
sie auf dem Weg durch ihr eigenes Leben begleiten möge

Eine Träne war meine Rettung

Inhalt

Mein hauptsächliches Anliegen beim Schreiben dieses Buches war es, denjenigen zu Wort kommen zu lassen, dem die Medizin immer zu Diensten sein soll: den Patienten. Dieses Buch will weder eine medizinische Abhandlung noch ein Abenteuerroman oder eine Biographie sein, es ist die Geschichte eines Kampfes.

Eine solche Erzählung ist zwangsläufig einseitig und unvollständig. Ich stehe zwar im Zentrum dieser Geschichte, bin aber nicht immer – in gewisser Weise sogar selten – in der Lage, sie zu verstehen. Leider bin ich aber nicht die Einzige, die nicht alles verstanden hat! Trotzdem wird niemand bestreiten können, dass ich bei dem Thema, um das es im Folgenden geht, in ganz besonderem Maße als Zeugin auftreten kann. Im Kern handelt dieses Buch vom Leid in der Welt des Krankenhauses.

Immer wieder habe ich mich gefragt, was besser ist: vergessen oder Zeugnis ablegen? Alles noch einmal aufwärmen oder es hinter sich lassen? Alles vergraben oder noch einmal ausbreiten? Instinktiv neigt man wohl dazu, die schmerzlichsten Augenblicke aus dem Gedächtnis zu streichen, denn sie erschweren eine Rückkehr ins Leben.

Einige meiner Verwandten und Bekannten haben mir gegenüber ihrer Sorge ganz unverhohlen Ausdruck verliehen, als sie sahen, wie besessen ich von der Idee war, alles festzuhalten. Sie warnten mich: »Lass die Vergangenheit ruhen! Es wird dir nicht guttun! Sprich lieber über positive Dinge …«

Damit bin ich vollkommen einverstanden. Was ich hier schreibe, muss ganz einfach positiv sein. Es geht nicht darum, Groll zu hegen, und auch nicht darum, mit irgendjemandem abzurechnen.

Ich habe sehr früh beschlossen, keinen Prozess anzustrengen, und ich wollte auch nicht der Frage der Verantwortung nachspüren. Ebenso wenig habe ich geschrieben, um Anschuldigungen zu erheben oder in Wehklagen zu verfallen. Ich wollte lediglich meinen Beitrag leisten und etwas in Bewegung bringen.

Damit den Kranken Gehör geschenkt wird und die Pflegenden immer wieder hinterfragen, was sie tun.

Ich möchte Sprachrohr jener sein, die – wie auch ich vor noch gar nicht langer Zeit – nicht sprechen, ja, sich nicht einmal bewegen können.

Ich musste einfach schreiben, weil meine Erfahrung einen Nutzen haben muss.

Weil Fehler passieren können, sich aber nicht wiederholen sollten.

All das Leid, das ich ertragen habe, werde ich sehr viel leichter hinter mir lassen können, wenn es nun dazu beiträgt, das Leid anderer Patienten zu lindern.

1

Allein in der Nacht

Wo bin ich?

Alles ist dunkel. Ich bin im Dunkeln. Es ist ein vollkommenes Dunkel, ohne jede Kontur, ohne jeden noch so kleinen Lichtschein. Ein furchterregendes oder ein beruhigendes Dunkel – das vermag ich nicht zu entscheiden. Es ähnelt dem Dunkel meiner Kindheit, wenn ich in einem Wandschrank Zuflucht suchte, mich dort einerseits sicher wähnte und doch andererseits wie Espenlaub zitterte.

Egal, wie sehr ich mich auch bemühe, ich sehe nichts. Nichts außer dieser tiefen Dunkelheit. Habe ich die Augen offen oder geschlossen? Ich weiß es nicht. Was ist geschehen? Auch das weiß ich nicht. Ich weiß nur, dass ich nicht allein bin: Ich höre jemanden neben mir. Er atmet schnell – wie ein hechelnder Hund.

Ob es ein Mensch ist? Oder ein Tier?

Vor allem jedoch fühle ich mich eingeengt. Ich verspüre einen so heftigen Druck auf meiner Brust, dass ich dagegenhalten muss, um überhaupt atmen zu können. Dann blähe ich meinen Brustkorb mit einer solch ungeheuren Anstrengung auf, dass ich meine Rippen krachen höre … Erschreckt halte ich inne. Aber ein Gewicht drückt mich nieder, und ich kann mich doch nicht einfach zerquetschen lassen …

In diesem vollkommenen Dunkeln muss ich um jeden

Atemzug kämpfen. Was ist geschehen? Wie lautet die Erklärung für das alles? Etwas Schwerwiegendes muss vorgefallen sein, so viel ist klar. Ich muss es herausfinden. Ich muss mich beruhigen und nachdenken.

Ich bin in die Notaufnahme gekommen, daran erinnere ich mich genau: Ich hatte Kopfschmerzen, so fürchterliche Kopfschmerzen, dass ich mich ins Krankenhaus habe bringen lassen. Denn wo ist man besser aufgehoben als im Krankenhaus? Und nun liege ich hier in der Dunkelheit. Wo sind nur die Ärzte? Und wo die Krankenschwestern? Wo ist Ray? Wo sind meine Freunde? Was zermalmt mich hier? Wieder stemme ich mich dagegen, wieder glaube ich, meine Rippen krachen zu hören. Soll ich überhaupt weiteratmen? Soll ich mich weiter gegen den Druck auf meiner Brust stemmen?

Es fühlt sich so an, als sei das Krankenhaus buchstäblich über mir zusammengebrochen.

Genau: Es muss ein Erdbeben gegeben haben, und ich liege hier unter Tonnen von Trümmern begraben. Die hektischen Atemzüge neben mir gehören zu einem anderen Lebewesen, das hier ebenfalls in der Falle sitzt, weil die Erde sich plötzlich aufgetan hat. Abgesehen davon ist alles ruhig. Ist es immer so still nach einem Erdbeben? Handelt es sich um eben jene Stille, die auf das tumultartige Durcheinander einer Katastrophe folgt?

Wahrscheinlich. Auch nach einem Unwetter herrscht eine solche Ruhe.

Erstaunlich ist allerdings, dass ich mich abgesehen von diesem Gewicht auf meinen Rippen, abgesehen von dieser rätselhaften, allumfassenden Dunkelheit gut fühle. Vollkommen fit! Auf jeden Fall geht es mir viel besser als zum Zeitpunkt meiner Ankunft hier, als diese grausame Migräne meinen Schädel zusammenpresste wie ein Schraubstock. Jetzt wird nicht mehr mein Kopf eingezwängt, sondern meine Brust. Das ist zwar beängstigend, aber erträglicher. Ich versuche zu rufen, aber ich habe das deutliche Gefühl, dass kein Laut über meine Lippen kommt. Meine Gedanken hallen nur in meinem Innern wider. Auch das Wesen neben mir ist stumm.

Die Zeit vergeht. Vollkommen blödsinnig versuche ich unwillkürlich, im gleichen Rhythmus zu atmen wie der andere, genauso schnell und mechanisch wie ein hechelnder Hund. Auf diese Weise beschäftige ich mich. Ich werde müde dabei. Ich fühle mich immer noch eingeengt, aber ich strenge mich nicht mehr an, um zu atmen.

Alles ist egal. Ich ergebe mich einfach. Ich falle in einen Dämmerschlaf …

Stimmen wecken mich wieder. Es sind ruhige Stimmen, auch Schritte sind zu hören. Frauen und Männer. Kurze, zweckmäßige Wortwechsel. Sie sprechen von Zimmern, von Patienten.

»Hast du die 320 schon versorgt?«

Ich lächele innerlich. Uff! Alles wird gut! Ich bin immer noch im Krankenhaus, und es hat kein Erdbeben gegeben … Das Gebäude ist nicht eingestürzt. Und ich bin wahrscheinlich nicht in einem Wandschrank eingeschlossen, sondern liege in einem Zimmer wie eine ganz normale Patientin. Aber warum muss ich immer noch hier im Krankenhaus bleiben? Sie bringen vermutlich erst einmal ihren gewöhnlichen Rundgang zu Ende, dann kommen sie zu mir und öffnen meine Augen. Diese sind nämlich geschlossen, das ist auch beinahe schon alles, was ich zu beanstanden habe – allerdings kann ich meinen Mund aus unerfindlichen Gründen ebenfalls nicht öffnen.

Und wenn es nun doch etwas Ernstes ist? Aber warum denn? Ich habe schließlich keinen Unfall gehabt, sondern nur Kopfschmerzen. Ich bin nur für kurze Zeit hier. Deshalb liege ich auch mit diesem Kranken im Zimmer, der immerzu schläft und mit der beeindruckenden Regelmäßigkeit eines Tieres atmet. Ich bin zwar noch nicht ganz bei Bewusstsein, aber sobald ich richtig aufgewacht bin, werde ich nach Hause gehen können.

Wer weiß, vielleicht werde ich heute Abend sogar noch tanzen gehen!

Träume ich etwa? Möglich ist es.

Kann man sich in einem Traum fragen, ob man träumt? Ja, es sieht ganz so aus. Aber ein Traum dauert niemals so lange an.

Worauf warten sie, um meine Augen zu öffnen und meinen Kiefer zu entsperren? Worauf warten sie, um endlich nach mir zu sehen? Warum gehen sie ständig an mir vorbei? Worauf warten sie, um mich zu befreien? Und mir alles zu erklären?

Die Männer und Frauen sind wieder fortgegangen.

Ich denke nach, um mich zu beschäftigen. Ich erinnere mich ganz genau an alles, was geschah, bevor ich in dieser abgrundtiefen Nacht aufgewacht bin. Ich habe nichts vergessen.

Die Geschehnisse der vergangenen Stunden ziehen mit der Präzision eines Filmes auf einer Großbildleinwand an mir vorüber. Einerseits bin ich glücklich, mich so gut daran erinnern zu können. Und andererseits fürchte ich mich bereits jetzt auf diffuse Weise vor dem, was nun mit mir geschehen wird.

2

Kribbeln in den Fingerspitzen

Montag, 13. Juli 2009. Es ist Sommer, morgen ist Nationalfeiertag. Alle, oder zumindest fast alle, haben frei: Wer schon im Juli Sommerferien hat, tummelt sich an den Stränden, wer erst im August wegfährt, nimmt einen Brückentag. Aber ich stehe heute Morgen um vier Uhr auf! Ich arbeite in der Morgenschicht: von 6 Uhr bis 13.30 Uhr.

Das stört mich jedoch nicht. Die nächsten Ferien sind nicht mehr allzu fern, und die letzten liegen noch gar nicht lange zurück: Erst vor zwei Wochen waren Ray und ich auf Rhodos, umfangen vom Blau des Himmels und des Meeres. Einfach traumhaft schön: Unweigerlich muss ich beim Gedanken daran lächeln … Ich möchte mich wirklich nicht beklagen. Es schreckt mich nicht, vor Sonnenaufgang aufzustehen: Ich bin ein Morgenmensch. Und ich bin es gewohnt: Jede zweite Woche ist das so.

Eine Woche arbeite ich von 6 Uhr bis 13.30 Uhr, die darauffolgende von 13.30 Uhr bis 21 Uhr. Dieser Rhythmus ist anstrengend, das stimmt schon, aber wenn ich früh beginne, habe ich wenigstens den Nachmittag für mich: Ich kann ins Schwimmbad gehen oder meine Freundinnen treffen … Ich muss nur früh schlafen gehen, das ist alles.

Es geht mir rundum gut. Zugegeben, ich hatte im Februar eine Bandscheibenoperation, aber das gehört bereits der Vergangenheit an. Ich treibe sogar schon wieder Sport, insbesondere fahre ich Fahrrad. Vergangenen Samstag bin ich erstmals wieder 50 Kilometer gefahren – wie früher. Da habe ich mir gesagt: »Endlich! Die Operation ist nur noch eine Erinnerung!«

Es war heiß: Ich erinnere mich noch an die angenehme Kühle, die uns Radfahrer umfing, als wir durch den Wald im Park Pourtalès fuhren, jener bewaldeten Oase im schicken Viertel Robertsau von Strasbourg. Vielleicht hatte ich mir durch diesen Temperaturunterschied auch das leichte Halsweh eingefangen ... Es war aber nicht der Rede wert, ich hatte kein Fieber und hatte einfach eine Tablette genommen. Am nächsten Tag waren wir mittags bei meinem Bruder Gilbert eingeladen. Ich fühlte mich etwas erschöpft. Wäre es nicht Gilbert gewesen, so hätte ich abgesagt. Wirklich beunruhigend fand ich das nicht: Schließlich sind wir doch alle ein wenig erschöpft nach einer anstrengenden Arbeitswoche, oder?

Wenn ich daran zurückdenke, fällt mir außerdem noch die Sache mit der Ananas ein ... In der Kantine ist diese Frucht mein Lieblingsdessert. Aber in der letzten Woche war es nicht so, ohne dass ich gewusst hätte, warum: Ich konnte die Säure der Ananas nicht ertragen. Es war ein seltsames Gefühl: als würde meine Zunge zerschnitten. Das Gleiche verspürte ich bei dem Zitronensaft auf dem Fischgericht. Aber ich schenkte diesen Empfindungen keine weitere Beachtung.

In den vergangenen Tagen hatte ich also leichte Halsschmerzen, war am Sonntag ziemlich erschöpft und verspürte eine plötzliche Abneigung gegen Ananas. Nichtigkeiten. Belanglose Rätsel, wie sie mit schöner Regelmäßigkeit in unserem Alltag auftauchen und wieder in Vergessenheit geraten, solange das Leben in den gewohnten Bahnen verläuft. Erst wenn danach dramatische Ereignisse eintreten, werden sie im Nachhinein zu bedeutungsvollen Vorzeichen …

Nein, ganz ehrlich, noch vor der Morgendämmerung an jenem Montag, dem 13. Juli, fühle ich mich gut, während ich mich im Badezimmer zurechtmache und dabei Musik höre wie jeden Morgen. Ich bin 57 Jahre alt. Ohne falsche Bescheidenheit – es kommt mir so vor, als sei ich viel jünger als viele andere Frauen meines Alters. Das hat sicher damit zu tun, dass ich häufig Sport treibe: Ich fahre Fahrrad, gehe ins Schwimmbad, mache Hochgebirgstouren, und ich laufe (mehrmals habe ich an dem Lauf »10 Kilometer durch Strasbourg« teilgenommen) … Auch mein Charakter spielt sicher eine Rolle: Man hat mir stets gesagt, dass ich ein positives Naturell besitze, und das stimmt wirklich. Ich gehöre einfach nicht zu den Leuten, die oft niedergeschlagen sind. Das hat letztlich mit der Liebe zu tun. Ray schläft noch selig. Unsere Tochter Cathy lebt in Paris und hat uns bereits mit zwei wundervollen Enkelinnen beschenkt, Célia und Mélanie. Alles ist gut, wirklich. Ich gebe es gerne zu: Ich bin glücklich. Das Leben ist schön, und die Tatsache, dass ich am Tag vor dem 14. Juli um 6 Uhr morgens zur Arbeit muss, wird mich nicht das Gegenteil behaupten lassen! Obendrein haben wir geplant, am Abend auf den Ball der Feuerwehr zu gehen …

Ich frühstücke ausgiebig, dann starte ich in den erwachenden Tag. Ich verlasse unsere Wohnung in Schiltigheim, einem Vorort von Strasbourg. Gewöhnlich nehme ich den Firmenbus, aber heute Morgen fahre ich lieber mit dem Wagen. Ich mache mich auf den Weg zu unserer Firma, die etwa 20 Kilometer von unserer Wohnung entfernt liegt. Ich arbeite seit zehn Jahren dort. Das Unternehmen stellt Einkaufswägen und Transportkarren her für Supermärkte, Flughäfen und Krankenhäuser. Davor war ich über 20 Jahre lang leitende Angestellte in einem Wäscheunternehmen. Ich hatte eine gute Stellung, aber das Unternehmen musste schließen. Da griff ich beim ersten neuen Stellenangebot gleich zu, und das war der Arbeitsplatz in dieser Firma. Ich bringe die Pfandschlösser auf den Metallverstrebungen der Einkaufswägen an, also die Geldschlitze, in die man eine Münze oder ein Pfandstück einführt, um die angeketteten Wägen zu entriegeln. Je nach Bestellung oder Land werden die Pfandschlösser an unterschiedlichen Stellen angebracht: Man muss die Feinabstimmung vornehmen, sie manchmal mittig, manchmal rechts oder auch links montieren …

Ich arbeite mit einem Schraubenzieher, und zwar im Stehen. Die Arbeit ist körperlich recht anstrengend, aber ich habe mich gut daran gewöhnt. Es ist eine von Männern geprägte Welt: In einer Schicht kommen auf ungefähr 300 Männer etwa zehn Frauen. Auch daran habe ich mich gewöhnt. Ich glaube, diese Männer können mich gut leiden. Sie kommen oft zu mir und erzählen mir kleine Geschichten. Wir scherzen oder diskutieren miteinander. Ich mag den Kontakt zu den anderen Menschen, den diese Arbeit zulässt, und ich gehöre zu den Leuten, die immer das Gute an allem sehen. Vielleicht auch deshalb werden die Praktikanten stets zu mir geschickt. Alles ist in Ordnung, denn ich bin ja topfit und glücklich obendrein.

Auf dem Parkplatz des Unternehmens, der bereits in das zarte Licht der aufgehenden Sonne getaucht ist, fällt ein erster Schatten auf diesen ungetrübten Morgen: Ich verspüre ein

Kribbeln in den Fingerspitzen. Ein früherer Bruch des kleinen Fingers kommt mir in den Sinn. Anzeichen für Rheuma? Vorboten eines Wetterwechsels? Oh nein, es wäre einfach zu dumm, wenn es heute Abend während des Balls regnen würde! Aber nein, es muss etwas anderes sein: Die Missempfindungen sind in allen meinen Fingern und zwar an beiden Händen zu spüren.

Und der Schmerz weitet sich auf die Gelenke aus. Er kommt plötzlich und sehr heftig. Ich reibe meine Hände, ohne dass sich etwas bessert. Das ist seltsam, aber nicht zu ändern. Ich muss jetzt zur Arbeit … Ich grüße meine Kollegen, richte mein Augenmerk auf die Geldschlitze und fühle, dass meine Hände bei der Arbeit etwas beweglicher werden.

Aber jetzt stellt sich ein heftiger Kopfschmerz ein. Ich versuche, meine Gedanken von ihm fortzulenken. Ich nehme Maß, schraube und fertige. Die Metallverstrebungen türmen sich übereinander. Das Dröhnen in der Fabrik nimmt immer mehr zu und bohrt sich förmlich in meinen Schädel. Die Migräne betäubt mich. Ich kann mich nicht einmal mehr bücken, um eine Münze in den Schlitz zu schieben.

Um 8.30 Uhr entscheide ich, dass ich nach Hause gehen muss.

Ich suche meinen Vorgesetzten auf, um ihm mitzuteilen, dass ich unmöglich weiterarbeiten kann.

»Ruh dich aus, Angèle. Mach eine Pause, es geht sicher vorüber …«

Nein. Ich habe bereits begriffen, dass es nicht vorübergehen wird. Dass alle Pausen, alle guten Worte dieser Welt nichts ausrichten werden. Selbst wenn ich noch so guten Willens bin, ich kann nicht mehr arbeiten. Ich spüre, dass das, was mich heute Morgen mit solcher Wucht packt, keine Migräne, kein Rheumatismus ist. Ich habe die dumpfe Ahnung, dass etwas Ernstes im Anmarsch ist, ohne jedoch zu wissen, was es sein könnte.

»Es tut mir leid, aber ich muss nach Hause!«

Der Vorgesetzte reicht mir ein Formular, und ich verlasse meinen Arbeitsplatz.

Beim Hinausgehen wünscht mir mein Kollege Marc noch freundlich einen »Schönen 14. Juli!« Sein Lächeln ist besorgt: Auch ihm ist aufgefallen, dass meine Kopfschmerzen nicht alltäglich zu sein scheinen. Sie kennen mich hier gut. Sie wissen, dass ich mich nicht schon beim kleinsten Unwohlsein davonstehle. In zehn Jahren war ich kein einziges Mal krank. Aber jetzt zögere ich nicht, ich eile auf den Parkplatz: Ich muss so rasch wie möglich nach Hause fahren – solange ich noch in der Lage bin, ein Auto zu steuern.

Ray ist natürlich überrascht, als er mich zurückkommen sieht. Er bringt mir ein Schmerzmittel, und ich lege mich schlafen. Mit ein wenig Glück werde ich mich beim Aufwachen für den Ball der Feuerwehr zurechtmachen können … Aber beim Aufwachen ist alles noch schlimmer. Ich hätte es nicht für möglich gehalten, aber die Kopfschmerzen sind noch heftiger geworden. Bereits die kleinste Bewegung ist eine Qual. So etwas habe ich zuvor noch nie erlebt: Es fühlt sich an, als wäre mein Kopf in einen zu kleinen Helm hineingepresst worden und als würde sich dieser Helm immer noch weiter verengen, bis er schließlich mein Gehirn zerquetscht.

Keine Schmerztablette der Welt kann mir Erleichterung verschaffen.

»Ich rufe den Arzt!«, entscheidet Ray am späten Nachmittag.

Unser Hausarzt geht nicht ans Telefon: Er ist in den Ferien. Ray versucht es bei seiner Vertretung. Auch sie ist nicht erreichbar.

Langsam gerate ich in Panik: Meine Schmerzen sind unerträglich.

Ray hingegen bleibt vollkommen ruhig:

»Dann müssen wir jetzt eben den Rettungswagen rufen!«

Mein Mann hat es schon immer verstanden, mich zu beruhigen. Er ist ein zuverlässiger, dynamischer und tatkräftiger Typ. Er ist schon über 60 Jahre alt, aber auch er sieht um einiges jünger aus. Auch er arbeitet noch: Er führt Aufsicht auf Baustellen. Das ist nicht immer eine leichte Tätigkeit, aber er macht sie recht gut. Er versteht es, sich bei den Arbeitern Respekt zu verschaffen, und sein stattliches Aussehen verleiht ihm zusätzlich Autorität. Ich muss erklärend hinzufügen, dass er früher Polizist war. Er hat seine Karriere bei der Kriminalpolizei von Strasbourg beendet, wo er viele Fälle bearbeitet und nicht wenige von ihnen zur Aufklärung gebracht hat. Er gehört nicht zu den Menschen, die schnell kopflos werden.

Ich verstehe nicht, was mit mir vorgeht. Ich verstehe nicht, warum mein Kopf beinahe zerspringt, und auch nicht, warum ich diese seltsame Empfindung habe, dass meine Gliedmaßen einschlafen und taub werden, aber ich sage mir, dass ich in Sicherheit bin, solange Ray da ist und auf mich aufpasst.

Da klingeln bereits die Sanitäter bei uns.

Der Arzt untersucht mich und stellt mir Fragen. Schmerzen in den Händen, Migräne, Taubheitsgefühle?

Er grübelt. Die Symptome passen in dieser Form zu keinem ihm bekannten Krankheitsbild. Ray überzeugt ihn, mich in die Notaufnahme bringen zu lassen.

Die Männer machen Anstalten, mich zu tragen. Da erhebe ich Einspruch:

»Es schmerzt doch nur mein Kopf …«

Und ich bestehe darauf, die Treppen von unserer im dritten Stock gelegenen Wohnung selbstständig hinunterzugehen, ohne den Aufzug zu nehmen.

3

Falsche Fährten

Die Bahre wird durch die Flure des Krankenhauses geschoben. Immer wieder stößt sie gegen die Wände, die Türen, und bei jedem Schlag scheint mein Kopf förmlich zu explodieren. Mein Gott, warum rasen sie so? Gegen 21 Uhr sind wir in der Notaufnahme eines Strasbourger Krankenhauses eingetroffen. Seither karrt man mich von einer diensthabenden Station zur anderen. Ich habe das Gefühl, wie ein Stoffballen hin- und hergeworfen zu werden.

Spritzen, Tabletten, Geräte, Lumbalpunktion, fragende Blicke ... Ich habe immer größere Schwierigkeiten, etwas zu sagen – und zu atmen. Auch meine Reflexe werden anscheinend immer schwächer. Das ist noch schlimmer als die Taubheitsgefühle zuvor: Es fühlt sich an, als würde sich allmählich eine allgemeine Lähmung einstellen. Der Nebel um mich herum wird dichter. In manchen Augenblicken sieht alles ganz verschwommen aus, als läge ein Dunstschleier über allem. Für kurze Momente verliere ich das Bewusstsein. Ich vergesse, was noch ein paar Augenblicke zuvor geschehen ist.

Ein Mann in weißem Kittel fragt Ray beunruhigt:

»Redet Ihre Frau immer so leise?«

Die Ärzte verbergen ihre Ratlosigkeit mehr schlecht als recht.

Niemand hat offenbar die geringste Ahnung, welche seltsame Krankheit mich hier und jetzt dahinraffen will. Keiner weiß etwas, und doch will man mich beinahe wieder nach Hause schicken! Da meine Symptome zu keinem bekannten Krankheitsbild passen, kann es schon nicht so schlimm sein … Ray ist ganz und gar nicht dieser Meinung: Im Gegenteil! Solange die Ärzte nichts herausgefunden haben, müssen sie mich hierbehalten! Er besteht darauf, dass sie mich aufnehmen, da es doch offensichtlich sehr ernst um mich steht!

Weitere Untersuchungen folgen. Ist es eine Borreliose? Eine Meningitis? Möglicherweise … Aber es findet sich nichts Eindeutiges, weder auf einem Computerbildschirm, noch bei einer Blutanalyse – keiner der vielen Spezialisten vermag, eine klare Diagnose zu stellen.

Schließlich lässt Ray mich widerwillig allein im Krankenhaus zurück.

Um 2 Uhr morgens reißt ein Anruf des Krankenhauses ihn aus dem Schlaf: Man bittet ihn, mich abholen zu kommen, da die Spezialisten immer noch im Dunkeln tappen. Ray bleibt unerbittlich: Sie müssen mich dortbehalten. So verlasse ich die Notaufnahme, bleibe aber im Krankenhaus. Und wieder nimmt die Bahre ihre verrückte Fahrt durch die Gänge auf …

Vielleicht ist es die mir eigene Freude am Leben, die trotz allem, trotz der Qualen und der in mir aufkeimenden Ängste, noch einmal hervortritt: Mitten in der Nacht fällt mir plötzlich ein, dass ich nicht zu Abend gegessen habe. Ich muss essen! Ich habe Hunger und verlange nach einer Mahlzeit.

Eine hilfsbereite Krankenschwester willigt sofort ein:

»Keine Sorge, wir bringen Ihnen etwas!«

Sie kommt mit einem Tablett zurück. Es gibt Erbsen. Ich nehme einen Löffel. Aber ich verschlucke mich heftig und muss husten, gerate in Atemnot. Wenn ich schon nicht essen kann, so werde ich zumindest etwas trinken. Mit dem Wasser verhält es sich genauso: Ich bekomme keine Luft mehr. Es ist ganz offensichtlich: Ich kann nicht mehr schlucken. Die Getränke wie die Nahrungsmittel geraten in die falsche Röhre. Es gelingt mir gerade noch, ein Bonbon zu lutschen. Und ich habe den Eindruck, dass ich schon bald nicht mehr werde atmen können. Ich bekomme nur noch sehr schlecht Luft.

Endlich haben die Ärzte doch eine Anomalie gefunden: Mit meinen weißen Blutkörperchen stimmt etwas nicht ... Vor allem begreifen sie jetzt, dass ich hier vor ihren Augen sterben werde, wenn sie nichts unternehmen: Ich werde ersticken, langsam verlöschen wie eine Flamme, die keinen Sauerstoff mehr bekommt. Weitere Fragen erübrigen sich jetzt: Man muss schwere Geschütze auffahren, und zwar schnell. Schon ist beschlossen, dass ich intubiert werde. Man wird mir also einen Schlauch in den Mund schieben; er wird mich an ein künstliches Beatmungsgerät anschließen, um mich so am Leben zu erhalten.

Ray muss wieder da sein, denn ich höre, wie seine Stimme zu mir sagt:

»Mach dir keine Sorgen, mein Liebling. Man wird sich um dich kümmern ...«

Immer noch gelingt es seiner Stimme, mich zu beruhigen. Sie reißt mich aus meinem Dämmerschlaf, in den ich – von den Schmerzen erschöpft – immer wieder falle.

Ein Arzt klärt Ray darüber auf, was nun vor sich gehen wird:

»Wir werden Ihre Frau für ein oder zwei Tage in ein künstliches Koma versetzen.«

»Ins Koma?«

»Wir können sie dann wirksamer behandeln, und ihr Stoffwechsel wird entlastet. Außerdem nimmt sie so die Unterstützung durch die künstliche Beatmung leichter an: Der Atemreflex würde sonst die Funktion des Gerätes durcheinanderbringen und vor allem die Patientin sehr anstrengen.«

Ich bin nicht mehr in der Lage, diesem Gespräch weiter zu folgen. Man lässt mich in die Nacht gleiten. Um mir zunächst einmal das Leben zu retten. Und um dann vielleicht auch zu verstehen, was mein Leben plötzlich, scheinbar ohne jeden Grund, so sehr gefährdet hat.

Und wenn ich wieder aufwache, wird alles klarer sein.

4

Mein Körper ist ein Gefängnis

Dunkelheit. Schon wieder. Immer noch. Diese totale Dunkelheit, an die ich mich gewöhne, denn man gewöhnt sich an alles. Diese absolute Dunkelheit, der meine Gedanken Formen verleihen, Nuancen geben, Abstufungen abringen.

Es sind Tage vergangen. Ich bin wieder aufgewacht, aber die Nacht um mich herum ist geblieben. Ob die Menschen, die bei mir im Zimmer auftauchen – die Ärzte, Ray und Cathy –, merken, dass ich wieder bei mir bin? Jetzt ist alles still. Ich höre die Luftzüge und Geräusche der unablässig laufenden Maschinen, ich höre immer wieder Stimmen ganz in meiner Nähe, aber nie sprechen sie mich an. Ich habe den Eindruck, dass man mich ignoriert, dass ich da bin, ohne wirklich da zu sein. Oder vielmehr, dass ich anwesend bin, ohne dass die anderen es wissen – wie ein Gespenst …

Da ist Ray! Ich habe ihn erkannt! Er hat jetzt gerade, in diesem Augenblick, mit jemandem gesprochen, er hat ein paar Worte mit einer Frau gewechselt, und er befindet sich jetzt neben mir, das weiß ich. Ich fühle es. Er ist da, mein Ehemann, er wird immer in meiner Nähe sein, vor allem in den schweren Augenblicken, das ist klar. Ein Schauer packt mich, ich zittere. Ich rede mit ihm, aber nur das Durcheinander meiner Gedanken hallt in mir wider. Er antwortet nicht, er sagt nichts. Ray, mein Liebster, hörst du mich nicht? Siehst du nicht, wie ich zittere? Spürst du nicht, wie nah wir hier und jetzt beieinander sind?

Lediglich ein paar erstickte Schluchzer bahnen sich den Weg in meine Dunkelheit.

Dann ist Ray wieder fort, und ich fühle mich vollkommen verloren. Ich begreife, dass meine Empfindungen nicht dem entsprechen, was ich nach außen zu vermitteln imstande bin. Es kommt mir so vor, als sei ich normal; dabei funktioniert gar nichts. Ich glaube, dass ich laut schreie, aber dieses Schreien findet nur in meinem Inneren statt. Ich glaube, mich zu bewegen, aber ich liege vollkommen regungslos da. Wie soll ich kundtun, dass ich da bin? Wie soll ich ihnen sagen, dass sie sich keine Sorgen machen sollen?

Wo geht es hier nach draußen? Ich will dieses starre Dunkel erkunden, in dem ich herumirre wie eine verdammte Seele, wie ein körperloses Geschöpf.

Ich vergleiche mich mit einem Baumstamm: Er bewegt sich nicht; ein Baumstamm steht regungslos da, er sagt nichts, ja, er schreit nicht einmal auf, wenn man ihn absägt – und doch ist er lebendig. Wenn man jetzt beschlösse, mich in Scheiben zu zerlegen, so wäre auch ich nicht in der Lage, mich zu wehren.

Wenn ich ein Baumstamm wäre, würde ich jetzt wenigstens gerne auf einem Fluss dahingleiten. Denn mir ist heiß, sehr heiß. Ich lechze nach Flüssigkeit, fühle mich wie ausgetrocknet. Ich träume von Wasser. Ich träume vom Plätschern eines Brunnens, eines laufenden Wasserhahnes. Wasser bedeutet für mich in diesem Augenblick den größten Schatz auf Erden. Ein Bad erscheint mir als vollkommenes Glück. Ich denke an die heilige Quelle auf dem Berg Sainte-Odile, dem Wallfahrtsort der Schutzpatronin des Elsass in der Nähe von Strasbourg:

Dort oben ist es so wunderbar kühl, so erquickend frisch, und man fühlt sich so gut …

Ich habe das Gefühl, wie ein Baum mit einer dicken Rinde versehen zu sein, denn ich begreife jetzt sehr genau, dass ich eingeschlossen bin. Ich liege hier eingeschlossen wie in einem Sarg, der zugleich mein eigener Körper ist. In mir selbst eingemauert. Ich klopfe gegen die Innenwand meiner Haut, aber niemand hört mich.

Ich muss ihnen unbedingt ein Zeichen senden. Aber ich kann weder rufen noch mich bewegen. Ich kann nur hören und denken. Und einfach um zu denken, denke ich … Ich denke erneut an den auf dem Wasser dahingleitenden Baumstamm. Dieser Stamm verwandelt sich: Am vorderen Ende tauchen Augen auf, und auch zwei Nasenflügel erheben sich dort; hinten verjüngt sich der Stamm jetzt, es bildet sich eine Art Schwanz … Der Baumstamm ist zu einem Krokodil geworden, das plötzlich sein Maul aufreißt und beim Zuschnappen aufs Wasser klatscht! Wenigstens das Krokodil wird sich verteidigen können, wenn man ihm zu Leibe rücken will. Es wird sich wehren können, wenn man es berührt. Ach wäre ich doch ein Krokodil! Vermutlich träume ich nur …

Mit einem Mal werde ich wach.

Ein Licht blendet mich.

Ich sehe nichts außer einer gleißenden Sonne. Das ist ja eine wundervolle Neuigkeit: Die Sonne existiert noch! Nicht mehr nur Dunkelheit um mich herum! Dieses Licht hier ist von unschätzbarem Wert für mich! Es bedeutet Hoffnung für mich, die Hoffnung, dass dieser Tunnel, in den ich geraten bin, nicht endlos ist: Er muss ein Ende haben, denn es gibt ja dieses Licht. Und dort, wo Licht ist, ist auch Leben.

Dann aber fallen meine Lider wieder abrupt zu.

Ich sinke zurück in mein Dunkel.

Ein Mann hat gefragt:

»Nun, was ist mit der Pupille?«

Ein anderer hat geseufzt und dann geantwortet. Aber ich habe seine Antwort nicht verstanden. Zu sehr war ich noch mit diesem Ereignis beschäftigt: dem brutalen Verlöschen der aus dem Nichts aufgetauchten Sonne. Kaum war sie aufgegangen, war sie auch schon wieder verschwunden. Dieses wunderbare Gestirn war nur ein paar Sekunden lang für mich zu sehen. Wahrscheinlich war der Mann ein Augenarzt: Er hat eines meiner Lider emporgezogen und mit seiner Lampe tief in mein Auge geblickt, und dann hat er alles wieder verschlossen.

Ist es denn möglich, dass er nichts gesehen hat? Dass er meine angsterfüllte Seele nicht wahrgenommen hat? Meine Seele, die schreit, weint und um Hilfe ruft?

Es kann doch nicht sein, dass er ganz tief in meinem Auge nicht einen einzigen Funken Leben gesehen hat. Er kann doch nicht zu dem Schluss gekommen sein, dass ich nichts weiter als ein toter Baum bin, der es nicht einmal mehr verdient, ins Wasser geworfen zu werden!

5

Eine Geschichte von Verrückten

Selbst im Koma bist du schön, Angèle!«
Koma? Es ist meine Nachbarin Bernadette, die diesen Satz ausgesprochen hat. Wir sind seit 30 Jahren miteinander befreundet. Sie ist es, die Ray und mich auf den Geschmack für Hochgebirgswanderungen gebracht hat – samt allen damit verbundenen Strapazen.

Nun hat sie dieses Krankenhauszimmer betreten. Ich spüre, wie ihre Zärtlichkeit mich umfängt. Ihre geflüsterten Worte dringen zu mir vor.

Wäre ich nicht in dieser Ausnahmesituation, so hätte mir dieses Kompliment mit Sicherheit geschmeichelt …

Aber jetzt konnte ich es nur mit Mühe verstehen. Eingebrannt hat sich jedoch dieses kurze, so fremd anmutende Wort, das mich von jetzt an unentwegt beschäftigt, meinen Geist umtreibt und all meine Kapazitäten bis zur Erschöpfung beansprucht: Koma.

So sieht es also aus: Für die anderen liege ich immer noch im Koma! In ihren Augen ist es noch nicht vorüber – dieses verflixte Koma, das nur ein oder zwei Tage dauern sollte. Für sie wird es vielleicht niemals vorüber sein. Es ist also kein böser Traum: Ich bin vollkommen wach, während sie mich noch in den Abgründen der Bewusstlosigkeit wähnen. Wie lange befinde ich mich schon in diesem Zustand?

Aus tiefster Seele schreie ich ihnen entgegen:

»Aber ich bin doch hier! Ich bin nicht im Koma, denn ich höre euch! Beruhigt euch um Himmels willen, mir fehlt nichts! Seht nach! Holt mich endlich hier raus ... Worauf wartet ihr denn noch, um mich hier rauszuholen?«

Sie müssen verrückt sein! Diese Geschichte ist eine Geschichte von Verrückten. Wie um alles in der Welt kann es sein, dass sie nicht sehen, dass ich bei Bewusstsein bin? Dass ich sie höre? Wie soll ich sie davon in Kenntnis setzen? Es ist noch gar nicht lange her, da war ich eine Frau, eine Mutter, eine Großmutter ... Und nun bin ich für sie nichts weiter als eine Grabheilige in der Kirche.

Koma – das hier ist doch kein Koma! Auf jeden Fall entspricht es in keiner Weise der Vorstellung, die ich davon hatte. Niemals würde ich meinen Zustand dem Adjektiv komatös zuordnen. Ich fühle mich ganz und gar nicht komatös. Im Gegenteil, ich habe den Eindruck, überempfindlich zu sein.

Ich befinde mich zwar immer noch in der Dunkelheit, aber alle meine anderen Sinne sind weiterhin vorhanden.

Ich spüre beispielsweise die auf meinen Körper einwirkenden Kräfte, wenn man mich umdreht. Manchmal habe ich das Gefühl, Alteisensplitter drückten sich in meine Fußsohlen und hinterließen dort seltsame Spuren. In Wirklichkeit ist es das Bett, das ruckelt, weil man mich anders lagert, um Wundstellen zu vermeiden. Dabei verschiebt sich mein Körper unmerklich, und die Füße stoßen an die Gitterstangen des Bettes.

Was den Hörsinn angeht, so funktioniert er nicht nur, sondern er hat sich weiterentwickelt und ist jetzt viel empfindlicher als zuvor. Er ist sehr viel feiner geworden, beinahe intelligent, könnte man sagen: Selbst den geringsten Laut kann ich analysieren. Es ist wahrscheinlich wie bei einem Blinden – nur habe ich zusätzlich das Handicap, dass ich nichts anfassen kann.

So giere ich förmlich nach Tönen und Geräuschen. Alles interessiert mich, macht mich neugierig: das Geräusch des Bettes ebenso wie die Töne der Geräte um mich herum ... Denn ich habe jetzt endlich begriffen, dass dieses unablässig hechelnde Etwas neben mir nicht, wie ich zunächst dachte, ein menschliches Wesen ist, sondern das Gerät für die künstliche Beatmung. Eines jener Geräte, die die im Koma liegenden Patienten am Leben erhalten.

Vor allem aber giere ich nach den Geräuschen der Männer und Frauen um mich herum, denn von ihnen hängt letztlich meine Rettung ab: das Pflegepersonal, die Ärzte, meine Familie, meine Freunde, meine Kollegen. Ich muss so viel wie möglich hören, um zu begreifen, was vor sich geht. Meine Ohren treten an die Stelle meiner Augen.

Ich höre Ray, selbst wenn er nichts sagt. Ich weiß, dass er da ist. Ich weiß, dass er seine Tränen zurückhält. Er spricht nicht viel. Was könnte er mir auch sagen? Vielleicht haben die Ärzte ihm auch gesagt, dass es zwecklos sei, da ich ohnehin nichts hören könne ...

Ich liebe es, die Anwesenheit von Menschen in meiner Nähe zu spüren. Ich lächle innerlich, wenn ich die Stimme einer Krankenschwester schulmeisternd sagen höre: »Sie müssen den Kittel anziehen!« oder »Immer nur zwei auf einmal!«

Ihre Worte bedeuten, dass ich Besuch habe. Das ist von großer Wichtigkeit, denn es stellt eine Verbindung dar zum Leben, zu jenem Leben, das ich um keinen Preis verlieren will. Ganz gleich, wer kommt, ganz gleich, ob diese Besucher sprechen, flehen, schluchzen oder beten wie in der Messe. Ich brauche ihre Stimmen, ihre Atemzüge. Sie bedeuten Nahrung für mich, sie sind mein Sauerstoff.

Ich vermag jeden meiner Freunde zu identifizieren. Und wenn ich einen von ihnen leise weinen höre, mache ich mir Sorgen. Natürlich um mich (sollte ich wirklich etwas so Ernstes haben?), aber auch um sie: Es ist furchtbar, jemandem unfreiwillig Kummer zu bereiten. Ja, diese Traurigkeit, die ich wider Willen auslöse, versetzt mich geradezu in Panik. Ich wage nicht, mir vorzustellen, wie verzweifelt meine Verwandten und Bekannten sein müssen, wenn sie dieses Zimmer hier verlassen und wieder nach Hause gehen. Wüssten sie doch wenigstens, dass ich auf sie warte, dass ich sie höre, dass ich sie ermutige, soweit ich das in meiner Ohnmacht vermag ... Wie kann ich sie beruhigen? Wie kann ich sie vom Weinen, vom Klagen abhalten? Wie kann ich ihre Ängste beschwichtigen? Wie sie davon abbringen zu trauern, da es doch noch gar nichts zu betrauern gibt?

Manche meiner Besucher reden nicht nur mit mir, sie gehen sehr viel weiter: Sie machen mir Vorwürfe, sie ermahnen mich: so meine Freundinnen Chantal und Ljubinka, so auch meine Schwägerin Marie-Rose ...

»Angèle, beweg doch wenigstens deine Wimpern! Du hast jetzt lange genug geschlafen, wach doch bitte auf! Es ist doch gar nicht deine Art, so lange liegen zu bleiben! Denk doch auch an uns! An deinen Mann! An deine Tochter und deine Enkelkinder!«

Aber das tue ich doch unentwegt, ich denke an nichts anderes als an euch! Sie rütteln mich, und ich sage mir, dass ich es im Grunde gut habe, denn man gibt mich nicht auf. Alle kommen mich besuchen, obwohl ich im Gegenzug nichts zu geben imstande bin. Man hat mich noch nicht vergessen. Wieder und wieder höre ich »Immer nur zwei auf einmal« und stelle mir vor, dass eine ganze Busladung von Menschen geduldig darauf wartet, an die Reihe zu kommen, dass eine Warteschlange draußen steht, um zu mir zu gelangen, um sich an meinem Körper zu versammeln, wie es bei großen Beerdigungen der Fall ist ... Vielleicht ist diese Schlange sogar so lang, dass sie bis auf die Straße hinausreicht! Ich erinnere mich an Bilder, die ich anlässlich des Todes von Johannes Paul II. im Fernsehen gesehen habe: Die dichte, nicht abreißende Kette von Menschen reichte vom Petersdom in Rom bis zum Ufer des Tiber.

Die Wahrheit ist gar nicht so weit entfernt von meinen Gedanken. Einerseits halten mich zu diesem Zeitpunkt viele meiner Freunde bereits für tot, auch wenn sie es niemals zugeben werden. Andererseits hat sich tatsächlich eine Warteschlange vor meinem Zimmer gebildet.

Eine Intensivstation ist gewissermaßen das Vorzimmer des Todes. Man tritt nicht zwangsläufig über die schicksalhafte Schwelle ins Totenreich, aber man lebt ein Leben neben dem eigentlichen Leben. Die Planung der Architekten sieht oft vor, dass die Intensivstation direkt neben der Leichenhalle liegt.

In regelmäßigen Abständen schlägt auf der Station ein Alarm an, gefolgt vom Laufschritt der Krankenschwestern: Das Signal bedeutet schließlich, dass das Leben sich nun möglicherweise ganz aus einem der Zimmer zurückzieht. Auf der Intensivstation richtet das Pflegepersonal seinen Blick zuallererst auf Geräte und Maschinen. Bildschirme teilen mit, ob das Spiel weitergeht oder ob es zu Ende ist; es ist beinahe so, als würden dann dort die Worte »Game over« erscheinen ...

Der Zugang unterliegt hier mehr Vorschriften als auf anderen Stationen. Die Besucher müssen strenge Hygieneregeln beachten, um die Übertragung von Keimen zu vermeiden. Bevor ihnen der Zutritt zur Intensivstation gewährt wird, müssen sie in einem Raum warten, der als Schleusenkammer dient. Die Wartezeit dauert oft sehr lange. Viel zu lange ...

Es kommt vor, dass Freunde von mir hier zwei Stunden lang vergessen werden, bevor ihnen das Personal nahelegt, wieder nach Hause zu gehen – ohne dass sie überhaupt bis zu meinem Zimmer vorgedrungen sind. Und das ohne ersichtlichen Grund, ohne irgendeine Erklärung. Es hat beinahe den Anschein, als will man diese Personen dazu bringen, sich nicht mehr hierher zu bemühen.

Selbst Ray muss sich anfangs diesem Reglement unterwerfen. Während er mehr schlecht als recht versucht, seinen beruflichen Verpflichtungen nachzugehen, verliert er im Krankenhaus gezwungenermaßen ganze Nachmittage durch – allem Anschein nach – sinnlose Warterei. Aber er gehört nicht zu den Menschen, die so etwas einfach hinnehmen. Schon sehr bald macht er einen anderen Eingang ausfindig, den Personaleingang. Bald spricht er die Probleme in aller Klarheit an und setzt sich durch. Nichts und niemand wird ihn daran hindern, mich zu sehen – schon gar nicht, wenn es keinen vernünftigen Grund gibt.

Er richtet es so ein, dass er mich zweimal am Tag besuchen kommt, am frühen Nachmittag und gegen Abend. Er spricht nicht viel mit mir, das habe ich bereits gesagt, aber ich bin ihm keineswegs böse deswegen: Es ist schwierig, mit jemandem zu sprechen, von dem man glaubt, er sei abwesend.

Ich erinnere mich an die Blutvergiftung, die mein Vater mit 79 Jahren hatte. Als ich ihn besuchte, war ich nicht in der Lage, auch nur ein Wort mit ihm zu reden. Ich muss sogar zugeben, dass er mir Angst machte. Er lag bewegungslos da, sodass ich vollkommen stumm blieb. Es ist alles andere als einfach, angesichts eines reglosen Körpers draufloszureden. Heute weiß ich, dass es äußerst wichtig ist, auch mit Menschen zu sprechen, die man bereits für tot hält. Heute weiß ich, dass es ein hartes Los für einen Kranken ist, wenn niemand ihn besuchen kommt.

Ray hält meine Hand. Wahrscheinlich tut es ihm gut festzustellen, dass mein Körper warm ist. Er hebt meinen Arm leicht an und lässt ihn wieder sanft hinuntergleiten. Der Arm fällt auf das Betttuch zurück wie der einer Stoffpuppe. Mein Körper ist weder kalt noch steif. Ray hat in seinen Jahren bei der Polizei Leichen gesehen. Er weiß sehr gut, dass ich mich anders anfühle. Noch, obwohl manche hier bereits in diese Richtung denken.

Man existiert nur im Blick der anderen. Ich male mir aus, dass ich ohne Ray und Cathy bereits gestorben wäre.

6

Die Fangzähne eines unbekannten Raubtieres

Hast du das schon einmal gemacht?«
»Nein, noch nie …«

Krankenschwestern oder Pflegekräfte schwirren um mich herum.

Sie werden sich um mich kümmern. Worüber sprechen sie? Was haben sie mit mir vor?

Ein paar Sekunden später spüre ich, dass an mir herumhantiert wird. Ich höre, dass von »*Betadine*-Lösung, zwei Drittel, ein Drittel« die Rede ist.

Es kitzelt in meiner Nase, dann tut jemand mir weh: Irgendetwas wird in meine Nasenlöcher hineingeschoben. Gleichzeitig wird etwas anderes in meinen Mund eingeführt. Jetzt fühlt es sich so an, als würde einerseits eine ganze Hand tief in meinen Hals hineingesteckt und als würde gleichzeitig ein Wasserschwall nach dem anderen durch meine Nasenlöcher gejagt! Beinahe so, als würde ich einerseits innerlich ertrinken und andererseits von den Krallen und Fangzähnen eines unbekannten Raubtieres zerfetzt werden.

Die Schmerzen sind kaum auszuhalten. Unwirklich, nicht zu beschreiben. Und meine körperliche Ohnmacht steigert sie ins Unermessliche: Nicht nur, dass ich mich nicht wehren kann, ich kann keine dieser Empfindungen zum Ausdruck bringen. Ich leide Höllenqualen und bin doch nach außen scheinbar gleichmütig. Kein Schrei, kein schmerzverzerrter Gesichtsausdruck, nicht einmal ein leichtes Schaudern.

Ich habe das Gefühl zu ersticken. Was tun sie bloß? Warum betäuben sie mich nicht? Meine Seele schreit, und die Verzweiflung in diesem stummen Schrei ist grenzenlos. Das Gerät in meinem Mund vollführt eine Hin- und Herbewegung, es saugt sich an meinem Zungengrund fest. Es kommt mir vor, als wolle man mich in Stücke reißen. Am liebsten würde ich mich übergeben, weinen, stöhnen, schreien, um mich schlagen ... Wie gerne wäre ich jetzt ein Krokodil, das auf seinen Angreifer losgeht und ihn mit einem einzigen Schwanzschlag aus dem Weg räumt!

Aber ich liege weiterhin ganz ruhig, ganz gefasst da und willige scheinbar in alle Machenschaften ein – ganz wie der regungslose Baumstamm, in den sich die Kettensäge hineinfrisst. Solange der Baum nicht aufschreit, lässt der Holzfäller nicht von ihm ab ...

Innerlich bin ich vor Wut und Verzweiflung jedoch vollkommen außer mir. Es ist einfach zu viel an Schmerz, Leid und Ungerechtigkeit, das über mich hereinbricht.

Warum quält man mich so? Warum tut man mir solche Gewalt an?

Jetzt kann ich mir vorstellen, was die Opfer der Inquisition durchlebt haben, denen man bei vollem Bewusstsein die Haut vom Leibe riss oder einzelne Gliedmaßen abhackte, um ihnen ihre Geheimnisse abzuringen. Sie konnten ihren Schmerz wenigstens herausschreien, und sie konnten sprechen. Ich für meinen Teil wäre jetzt bereit, alles zu gestehen! Die abscheulichsten Schandtaten, die übelsten Verbrechen, die ich nicht begangen habe – alles würde ich jetzt gestehen. Hört auf, dann sage ich alles, was ihr von mir hören wollt! Dabei möchte ich den Pflegerinnen eigentlich nur begreiflich machen, dass ich wegen Kopfschmerzen hierhergekommen bin, sie mir aber nun die Schleimhäute herausreißen …

Ich kann mich auf nichts anderes konzentrieren als auf diesen unsäglichen, immer wiederkehrenden, nicht enden wollenden Schmerz.

Später werde ich erfahren, was sie mit mir angestellt haben: Meine Nebenhöhlen mussten gespült werden. Eine Pflegerin führt die Lösung in die Nase ein, eine andere Pflegerin saugt die Lösung im Hals ab, damit ich nicht alles hinunterschlucke. Das geschieht mit einem kleinen Absaugschlauch.

»Siehst du?«, fragt eine Frauenstimme jetzt. »Sie hat eine beidseitige Kiefernhöhlenentzündung und eine chronisch wirkende linksseitige Mastoiditis.«

»Eine was?«

»Das ist eine Infektion, die oft bei einer Mittelohrentzündung auftritt. Wir müssen diese Spülung dreimal täglich durchführen.«

Habe ich richtig gehört? Vor Angst kann ich kaum noch klar denken. Um Himmels willen, das darf nicht wahr sein! Sie werden doch hoffentlich nicht noch einmal damit anfangen! Ich würde es kein zweites Mal aushalten. Einfach unvorstellbar! Ich weine. Virtuelle Tränen überschwemmen meinen reglosen Körper. Mein Gott, hilf mir hier heraus! In welchen Höllenschlund bin ich geraten? Vater unser, der du bist im Himmel, geheiligt werde dein Name, dein Reich komme, dein Wille geschehe …

Ich bete, wie ich seit meiner Kindheit nicht mehr gebetet habe, als meine Geschwister und ich unsere Eltern in die

Sonntagsmesse begleiteten und ich mich als kleines, braves Mädchen von der friedvollen Liebe und der sanften Güte des Jesuskindes behütet fühlte.

Jetzt aber bete ich diese Worte auf eine ganz andere Weise: Ich bete ungestüm, bitter, ja: wütend. Und nie zuvor passten diese Formeln so zu meiner konkreten Situation wie jetzt: »Mein Gott, erlöse mich von dem Bösen!« Gott im Himmel, du weißt, dass ich das Leben, das du mir geschenkt hast, stets geliebt und wertgeschätzt habe. Aber wenn meine Peiniger fortfahren, wenn sie noch einmal das Gleiche mit mir anstellen, und sei es auch nur ein einziges Mal, dann bitte ich dich, erspare mir diese Schmerzen. Ich dachte eigentlich, dass ich hart im Nehmen sei, aber wenn sie noch einmal kommen, bestehe ich nur noch aus einem einzigen, fürchterlichen stummen Aufschrei. Manche Qualen sind zu viel für die Lebenden. Da ist der Tod viel sanfter …

Von jetzt an weiß ich auch, was gejagte, in die Enge getriebene Tiere durchleben: Ich belauere jedes noch so geringe Anzeichen. Sei es das ganz normale Geräusch von nahenden oder sich entfernenden Schritten, von Gesprächen der Pfleger oder von den Geräten und Maschinen um mich herum: All das bildet einen hervorragenden Nährboden für meine Ängste, die nun freie Bahn haben. Ganz anders das sanfte Gemurmel meiner Besucher: Die stille Gegenwart von Ray, die verhaltenen Tränen meiner Familie, die liebevollen Worte meiner Freundinnen wie Chantal oder Dédé … Solange sie da sind, quälen mich die Pflegerinnen zumindest nicht. Mein Angstpegel sinkt. Wie sehr wünsche ich mir, dass den ganzen Tag über Besucher vor meiner Tür Schlange stehen!

Ich versuche, mir einzureden, dass alles wieder gut wird. Was ich gerade durchmache, kann nicht ewig andauern, denn es widerspricht jeglicher Vernunft: Es kann nicht sein, dass das Krankenhaus ein Ort ist, an dem man Unschuldige quält.

Aber die Besucher gehen, und meine Peiniger kehren zurück. Sie gehen genauso wie beim ersten Mal vor. Und das erste Manöver hat sich mir so sehr eingeprägt, dass ich das Absaugegerät bereits spüre, bevor es überhaupt in meinen Hals fährt, bevor die *Betadine*-Lösung durch meine Nase gespült wird – unverzüglich stellt sich der Schmerz ein. Mit aller Wucht. Grauenhaft.

Nach dieser Behandlung wiederholt eine Frau neben mir mehrmals:

»Entschuldigen Sie bitte, entschuldigen Sie …«

Soll ich diese Bitte um Entschuldigung annehmen? Es fällt mir schwer, meine Empfindungen zu ordnen. Ich weiß nicht, ob dieses unverhoffte, beinahe unpassende Anzeichen von Menschlichkeit mir guttut oder mich sogar noch mehr belastet. Soll ich mich darüber freuen oder empören? Geht die Frau etwa davon aus, dass ich diese Schmerzen wirklich spüre? Dann wäre alles ja noch viel schlimmer.

»Nur zwei auf einmal!«

Gott sei Dank! Ich habe Besuch.

Diesmal sind es sehr schweigsame Freunde. Dabei wäre es mir lieb, sie würden unentwegt reden, mir von ihrem Alltag erzählen, von den Schlagzeilen in den Zeitungen und den Neuigkeiten im Fernsehen. Ich möchte so gern wissen, was außerhalb der Mauern geschieht, die mein Körper um mich errichtet hat: Kleine und große Neuigkeiten, ganz gleich, was es ist … Politik, Klatsch, Wetterbericht, Sportergebnisse, alles interessiert mich! Ich möchte so gern an etwas anderes denken! Aber ich bin ihnen nicht böse, ich bin so glücklich, dass sie überhaupt da sind. Solange sie da sind, bin ich ganz ruhig.

7

Guantánamo

Hört Ihre Frau gerne Musik?«

»Ja, und ob! Sie liebt Musik. Warum fragen Sie?«

Es ist Ray, der geantwortet hat.

Die Frauenstimme fährt fort:

»Wir können ein Radio oder einen CD-Player in ihr Zimmer stellen, wenn Sie mögen. Das kann vielleicht ihr Gehirn stimulieren und sie wieder zu Bewusstsein bringen, verstehen Sie? Ein Versuch ist es in jedem Fall wert ... Und schaden kann es nichts!«

Ray stimmt zu. Natürlich weiß er es nicht – aber ich bin ihm sehr dankbar dafür. Die Musik wird mich zwar nicht wieder zu Bewusstsein bringen, denn das ist ja bereits geschehen. Aber sie wird mir zumindest Ablenkung verschaffen. Da ich weder lesen noch fernsehen kann, werde ich Chansons hören. Das wird mir vielleicht helfen, auf andere Gedanken zu kommen.

Es stimmt, dass die Musik eine große Rolle in meinem Leben spielt. Sie passt gut zu meinem eher fröhlichen Naturell. Sie hilft mir, die schönen Seiten des Lebens zu sehen – so zum Beispiel um 4 Uhr morgens in meinem Badezimmer, bevor ich zur Arbeit aufbreche. Außerdem gehe ich am Wochenende sehr gerne tanzen mit Ray.

Ich weiß nicht, ob es eine Kassette, eine CD oder das Radio ist, aber schon sehr bald leisten mir verschiedene Chansons Gesellschaft: Aznavour, Souchon, Cabrel sind mit von der Partie. Ich nehme bekannte Titel wahr, entdecke aber auch neue. Ich beginne innerlich zu singen ... und zu tanzen!

Aber diese Darbietung nimmt kein Ende mehr.

Diese Musik hier kommt nicht zu einem Schlussakkord. Diese Stimmen, diese Instrumente quälen mich. Sehr bald beginne ich, sie zu verabscheuen. Seit ich im Dunkel gefangen bin, kann ich Tag und Nacht nicht mehr voneinander unterscheiden. Aber bisher waren mir ausgedehnte Ruhezonen vergönnt, die vermutlich der Nacht entsprachen und in denen – so stelle ich es mir vor – mein Geist einschlief oder zumindest ruhte. Jetzt gibt es keine Stille mehr. Nie. Auf die Chansons folgen klassische Stücke, auf die Klassik Rockmusik und auf die Rockmusik wiederum Chansons.

Manchmal hört die Musik doch kurz auf. Aber dann dauert es niemals sehr lang, bis eine Krankenschwester anmahnt:

»Warum ist die Musik denn ausgeschaltet? Es ist so traurig hier drin!«

Und dann nimmt die Leier wieder Fahrt auf. Diese Musik wird mich noch verrückt machen! Wenn ich es jemals wieder hier herausschaffen sollte, bin ich nicht sicher, ob mein Verstand dann nicht gelitten hat! Diese Situation erinnert mich an eine Reportage, die ich im Fernsehen gesehen oder in der Zeitung gelesen habe: Zu den Foltermethoden in dem Gefangenenlager von Guantánamo zählte das Beschallen der Häftlinge mit unablässig rieselnder Musik. Da ist sie wieder, diese Vorstellung von einer Folter, die man mir zufügt für ein mir nicht bekanntes Verbrechen – an einem Ort, an dem eigentlich alles für meine Heilung getan werden sollte ...

Da sind die Frauen schon wieder. Steht erneut eine Nasenspülung an? Mein Gott, so hilf mir doch! Bitte fassen Sie mich nicht an! Aber nein, glücklicherweise lassen sie mich in Ruhe. Sie rücken mir nicht zu Leibe. Sie unterhalten sich, und diese Unterhaltung hat rein gar nichts mit dem Krankenhausleben zu tun.

»Oh je, mein Freund war an diesem Wochenende vielleicht schlecht drauf!«

»Was hatte er denn schon wieder?«

»Sie haben im Fußball verloren ... Das bringt ihn unglaublich auf die Palme! Und dann lässt er seinen Frust an mir aus.«

»Das gibt's doch wohl nicht! Lässt du dir das etwa gefallen?«

»Nein, wo denkst du hin? Aber dann kommt es natürlich zum Streit. Und am Sonntag sitzen wir dann bei den Schwiegereltern beim Mittagessen ... Da herrscht vielleicht eine Stimmung! Von Erholung kann keine Rede sein! Ich war beinahe froh, als ich heute Morgen wieder hierherkommen konnte.«

Ich stelle mir die Szenen bildlich vor. Im Grunde wiegt das so manche Fernsehserie auf. Immer wieder finden solche Unterhaltungen neben meinem Bett statt. Wahrscheinlich genießen die Frauen die Ruhe an diesem Ort; hier fühlen sie sich unbeobachtet. Sie sind ungestörter als im Aufenthaltsraum der Schwestern. Mein Zimmer wird zu einem Ort, an dem Vertraulichkeiten ausgetauscht werden, da sie hier alles aussprechen können, ohne sich der Gefahr auszusetzen, dass jemand lauscht.

Wer könnte schon hinter ihre kleinen Geheimnisse kommen?

Ich zähle nicht mehr, nein. Für sie bin ich nichts weiter als ein Möbelstück.

8

Bald werde ich »abkratzen«

Einerseits erleichtert mich das, was sie sagt. Andererseits jagt es mir einen ungeheuren Schrecken ein. Und der Schrecken ist dann doch weitaus größer als die Erleichterung.

Die Frauen sind wieder da, um erneut die Stirnhöhlen zu behandeln.

Und die eine sagt zur anderen:

»Wir werden die Stirnhöhlen jetzt nur noch einmal am Tag durchspülen. Ganz ehrlich, was sollen wir uns diese Mühe machen, wo es sowieso nichts bringt. Sie wird ja doch bald abkratzen! Das hat der Boss selbst gesagt ...«

Wieder beginne ich zu schreien – aber es bleibt bei jenem furchtbaren Aufschrei, den nur ich allein hören kann. Es geht mir gut, wirklich, es geht mir gut! Das ist doch wahnsinnig! Wie kann die Frau so etwas behaupten? Ich kann jetzt nicht sterben! Außer ... natürlich, außer man beschließt, mich umzubringen! Es geht mir gut, aber man tut alles, damit es mir schlecht geht! Die einzigen Schmerzen, die ich verspüre, sind diejenigen, die man mir hier zufügt. Sie geben sich wirklich Mühe, mich zu erledigen. Wenn man mich weiterhin so sehr quält, ja, dann werde ich am Ende tatsächlich aufgeben.

So helft mir doch endlich, bitte! Oder lasst mich wenigstens in Ruhe! Hört doch auf meine stummen Bitten, reißt die

Mauern meines Körpers ein! Dann werdet ihr sehen, dass mir nichts fehlt. Untersucht mich, röntgt mich mit den allerneuesten Geräten: Ihr werdet sehen, dass ich noch da bin. Die einzigen Wunden, die ich euch zeigen könnte, befinden sich an einer ganz besonderen Stelle: Es ist meine Seele, die zutiefst verletzt ist.

Endlich sind sie wieder verschwunden. Bis morgen!

Sie haben recht: Das ist kein Leben mehr. Die Musik, die Spülungen, die Besuche, die vertraulichen Gespräche neben meinem Bett, meine Ängste, meine wahnsinnigen Gedanken, die wie auf einer haltlosen Achterbahn immer schneller dahinrasen …

Und da das Maß der Schmerzen offenbar niemals voll ist, erlebe ich eines Tages eine neue, scheußliche Überraschung, die wie aus dem Nichts auftaucht: Ein heftiger Schmerz fährt in eine meiner Brustwarzen.

Als würde jemand sie abreißen.

Wieder entfährt mir ein Schrei ins Leere.

Wieder ein hoffnungsloser, unnützer Schrei.

Was ist das für eine neue Marter? Warum?

Ein paar Stunden oder Tage später muss ich sie ein zweites Mal ertragen. Es ist eine Verstümmelung bei lebendigem Leibe. Blute ich?

Diesmal befinden sich mindestens zwei Personen in meinem Zimmer.

Unmittelbar vor der Aggression höre ich, wie ein Mann zu einem anderen sagt:

»Wissen Sie, wie man sicher herausfindet, ob eine Person noch lebt oder schon tot ist? Sie fassen eine Brustwarze, so wie ich es jetzt tue, kneifen fest hinein und ziehen dann ruckartig und heftig daran …«

Ich habe das Gefühl, auseinandergerissen zu werden.

Der Mann fährt in seinem professoralen Tonfall fort:

»Haben Sie gesehen? Keinerlei Reaktion. Absolut keine! Nicht das geringste Zucken auf der Haut, nicht die kleinste Regung in den Gesichtszügen. Überhaupt gar nichts. Dabei versichere ich Ihnen, dass man bei diesem Schmerz nicht unempfindlich bleiben kann … Das ist zwar ein altes Verfahren, aber manchmal ist es von Vorteil – und hier trifft das zu –, gerade solche alten Verfahren zu kennen.«

Die Antwort des Kollegen auf die Darlegungen dieses herausragenden Spezialisten habe ich nicht mitbekommen. Aber ich bedauere, dass dieser Kenner alter Verfahren meine Antwort nicht gehört hat.

Nun ist manches klar. Ich habe noch ein paar weitere Stufen auf der Leiter der Schrecken und Schmerzen erklommen. Ich hatte bereits begriffen, dass man mich für bewusstlos hält; aber jetzt begreife ich, dass man mich für tot hält.

Romane gehen mir durch den Kopf, in denen der Held mit Fortlauf der Handlung in immer heiklere Situationen gerät. Er wird in die Enge gedrängt und gerät in eine Falle, die sich immer weiter zuzieht, bis es keinen Ausweg mehr gibt … Diesmal sitzt er fest, und es gibt keine Hoffnung mehr. Er wird sterben. Der Böse triumphiert. Das Unausweichliche wird geschehen und dennoch … Trotz aller Zweifel weiß der Leser tief in seinem Innern genau, dass dieses Ende nicht eintreten wird. Er weiß, dass es einen Trick geben wird, dass wie aus dem Nichts ein *Deus ex Machina* auftauchen wird, um seinen Helden dem Tod zu entreißen. Und im darauffolgenden Kapitel stellt der Leser dann tatsächlich höchst zufrieden fest, dass der Held immer noch da und quicklebendig ist: Das Undenkbare ist geschehen – genau wie vorhergesehen.

Ist in meinem Fall nun mit einem solchen *Happy End* zu rechnen?

Meine Zweifel wachsen umso mehr, als es sich bei meiner Geschichte – trotz ihres äußerst ungewöhnlichen Verlaufs – nicht um Fiktion handelt. Sie ist vollkommen real, und ich habe nichts von einer Heldin. Was den Autor dieser beängstigenden Episode meines Lebens betrifft – wenn er denn irgendwo da oben existiert –, so warte ich sehnlichst darauf, dass er endlich in Erscheinung tritt …

Ich sehe mich in einen Sarg eingeschlossen. Nicht in meinen Körper, wie jetzt, und auch nicht in einen Baumstamm, wie ich es immer wieder bildlich vor mir sehe, sondern dieses Mal tatsächlich in einen richtigen Holzkasten. Zwischen diesen Brettern, die unsere letzte Bleibe sind.

Ich habe festgelegt, dass ich verbrannt werden will. Ray weiß das ganz genau.

Ich sage mir, dass ich das in weiser Voraussicht bestimmt habe: So werde ich wenigstens nicht am Sargdeckel kratzen, wenn ich unter der Erde liege … Was für ein Unsinn! Ich bin ja nicht einmal zu der kleinsten Bewegung in der Lage! Und ich werde diesen Albtraum nicht erleben, da die Ärzte mich, bevor ich verbrannt werde, natürlich von allen medizinischen Geräten abschalten müssen. Und wenn sie mich abschalten, werde ich zwangsläufig sterben, weil ich ein bloßer Denkapparat bin, sonst nichts. Und noch dazu werden diese Gedanken immer wirrer …

Ein anderer Gedanke, der mir immer wieder durch den

Kopf geht, hat eher beruhigende Wirkung auf mich: Bevor die Ärzte mich von den Geräten abnabeln, müssen sie zwangsläufig meine Familie über ihr Vorhaben unterrichten. Und ich bin überzeugt, dass weder mein Ehemann Ray noch meine Tochter Cathy das billigen werden. Niemals. Das ist einfach unvorstellbar. Auf jeden Fall nicht so schnell. Vielleicht werden sie in ein paar Jahren nachgeben, wenn erwiesen ist, dass ich niemals mehr etwas anderes als ein regloser Körper sein werde – warum nicht? Aber nicht jetzt, das ist unmöglich. Nicht so rasch, nicht nach ein paar Tagen. Ich kenne sie genau, sie sind mein Fleisch und Blut, meine Familie. Sie werden sich niemals überreden lassen, mich aufzugeben.

Diese Überlegungen heitern mich wieder ein wenig auf. Allerdings nicht für lange. Schon quält mich etwas anderes: So, wie ich Ray davon in Kenntnis gesetzt habe, dass ich eingeäschert werden möchte, habe ich ihm auch meine Absicht mitgeteilt, im gegebenen Fall Organspenderin zu sein. Die Vorstellung hat etwas sehr Schönes: Man entreißt dem Tod etwas und schenkt damit Leben. Und nun, da die Ärzte mich ja für tot halten – warum sollten sie da nicht ausnutzen, dass sie meinem noch warmen Körper eine Niere oder sogar das Herz entnehmen können? Natürlich ohne Betäubung …

Ich erinnere mich daran, dass die Organspenden zum großen Teil von Personen stammen, die für hirntot erklärt wurden, deren Gehirn also nicht mehr die geringste Funktionstüchtigkeit aufweist. Wie schätzen die Wissenschaftler nun mein Gehirn ein? Für sie steht fest, dass ich nicht mehr bei Bewusstsein bin, da sie ja geprüft haben, dass ich selbst auf die allerschlimmsten Schmerzen nicht mehr reagiere. Für sie funktioniert mein Gehirn nicht mehr, denn ich bin tot …

Ich belauere jede noch so kleine Bewegung des Pflegepersonals. Sobald ich nicht sicher bin, dass die Menschen, die an mein Bett kommen, nicht Freunde oder Familienangehörige sind, packt mich die Angst. Gleich werde ich die Klinge des Operationsmessers auf meiner Haut spüren. Mein Herz rast …

Ich würde mich so gerne zusammenkauern, einrollen, aber ich bleibe hoffnungslos starr und reglos liegen – meinem Schicksal ergeben.

9

»Im Gedenken an unsere liebe Mama«

Ray und Cathy haben sich von meinem Bett zurückgezogen. Ich kann sie nicht mehr hören, nicht mehr spüren. Aber ich weiß, dass sie nicht weit weg sind: Hin und wieder dringen ihre Stimmen auch jetzt noch ganz schwach bis zu mir. Sie müssen sich in einer Ecke des Zimmers oder auf dem Gang befinden. Sie reden mit einem Arzt. Sie suchen nach etwas Trost, nach etwas Hoffnung. Aber genau das Gegenteil wird ihnen zuteil.

Was ich jetzt erzählen werde, habe ich nicht gehört, als ich in meinem Körper gefangen war. Zum Glück! Diese Worte hätten den Todesstoß für mich bedeutet. Sie hätten auch noch den letzten Funken meines Lebenswillens erstickt.

Es ist Freitag, Spätnachmittag. Vier Tage sind erst vergangen, seit ich ins Krankenhaus gekommen bin. Ray und Cathy reden mit einem der verantwortlichen Ärzte auf der Intensivstation. Es ist der Arzt, der meine Brustwarze »getestet« hat. Wie gewöhnlich ist der Arzt mit einem kleinen Gefolge unterwegs. Für ihn ist mein Schicksal jetzt klar. Nach nur vier Tagen.

Mein Mann und meine Tochter hängen buchstäblich an seinen Lippen. Und dieser Mann äußert kalt und ungerührt:

»Man muss in Erwägung ziehen, die Geräte abzuschalten.«

Die Krankenschwestern sind betroffen. Sie werden blass

und scheinen um Fassung zu ringen. Ray und Cathy ihrerseits haben das Gefühl, als würde ihnen das Blut in den Adern gefrieren.

Ray bringt mühsam hervor:

»Wie bitte?«

»Es gibt keinerlei Hoffnung mehr. Nichts funktioniert mehr, außer dem Herz.«

Niemand aus dem Gefolge des Mediziners zeigt eine Reaktion. Niemand fragt nach. Niemand wundert sich: Wie kann der Mann sich so schnell so kategorisch äußern? Warum fällt er ein so entscheidendes Urteil, obwohl er und seine Kollegen so gut wie nichts unternommen oder versucht haben? Warum räumt er der Hoffnung auf Genesung nicht etwas mehr Zeit ein? Warum soll das Krankenhauspersonal diese Hoffnung nicht nähren?

Wie ein vom Wind bedrohtes, zartes Kerzenlicht muss die Hoffnung sorgsam geschützt und wie ein Schatz gehütet werden. Die Worte des Arztes hingegen gleichen in diesem Bild einem kräftigen Windstoß, der alle Zuversicht aus dem Weg räumt! Als ginge es darum, einen Brandherd oder einen Haufen kalter Asche zu verwalten, aber ganz und gar nicht darum, sich um ein kleines Lichtlein zu kümmern. Zum Teufel mit solchen Komplikationen, zum Teufel mit allen möglichen Eventualitäten! Es ist doch ganz einfach, wenn der Herr Doktor entschieden hat, wie die Dinge eigentlich laufen müssten.

Mein Mann und meine Tochter sind wie betäubt.

Es gibt Momente, in denen man emotional so angegriffen ist, dass der Verstand gleichsam ausgeschaltet ist. Der Arzt ist doch derjenige, der Bescheid weiß. Er hat seine Meinung kundgetan, also ist sie richtig, also verhält es sich so, wie er sagt. Man zieht seine Worte nicht in Zweifel, und noch weniger begehrt man gegen sie auf. Sie gleichen einem königlichen Befehl, einem göttlichen Gebot – jeder Diskussion enthoben. Sein Urteil ist gesprochen, jetzt muss man ihm Folge leisten.

Am Ende stellt der Intensivmediziner endlich ein wenig Menschlichkeit unter Beweis. Er nimmt Ray beiseite und wendet sich in vertraulichem Ton an ihn. Er erteilt ihm Ratschläge, wie man sie einem Freund erteilt, dem allergrößter Kummer widerfährt.

»Denken Sie daran, dass Sie jetzt bestimmte Schritte unternehmen sollten. Das ist vorher leichter als nachher.«

»Welche Schritte? Meinen Sie … wegen des Begräbnisses?«

Der Arzt zieht eine Grimasse, die Verständnis bedeuten soll, und nickt dazu. Dann rauscht er mit seinem schweigenden Gefolge davon.

Ray und Cathy wagen kaum, einen letzten Blick auf meinen starren Körper zu werfen, bevor sie eine Verfügung treffen. Geistesabwesend gehen sie die Flure entlang, mechanisch steigen sie die Treppenstufen hinunter – ohne ein Wort zu sprechen. Was sollten sie auch sagen? Sie sind am Ende. Ihnen fällt nichts mehr ein.

Nachdem sie das Krankenhaus verlassen haben, gehen sie durch die Straßen, schlendern die Uferpromenaden von Strasbourg entlang. Hier draußen ist das Leben schön. Bürger und Touristen gönnen sich gleichermaßen eine Verschnaufpause auf den Terrassen der Cafés. Auf der Ill ziehen Boote voller glücklicher Fotografen vorbei, die Ausschau nach dem schönsten Fachwerk oder den schönsten roten Geranien vor dem tiefblauen Himmel halten. Mein Mann und meine Tochter durchqueren die Innenstadt zu Fuß, ohne all dieses wahrzunehmen. Sie sind unempfänglich für ein solches Sommerglück. Schließlich erreichen sie unsere vier Kilometer entfernte Wohnung in Schiltigheim. Sie haben vollkommen vergessen, dass sie mit dem Wagen zum Krankenhaus gefahren waren und der »Renault« nun noch dort steht.

Am nächsten Tag – es ist Samstagmorgen – wappnet sich Ray innerlich und spricht sich Mut zu für einen fürchterlichen Schritt:

»Ich muss es jetzt tun. Ich kann es nicht Cathy überlassen …«

Er begibt sich in die Hauptstraße unserer Stadt. Dort folgt ein Schild eines Bestattungsinstitutes auf das nächste. Bis zu diesem Tag hatte er nicht wahrgenommen, wie viele es gibt.

Zögernden Schrittes geht er auf sie zu. Er betrachtet das Schaufenster des ersten Institutes. »Im Gedenken an unsere liebe Mama« ist dort auf einem Marmorstein zu lesen, daneben ist ein Vogel eingraviert …

Seine Augen füllen sich mit Tränen.

»Das kann doch einfach nicht sein!«

Er gibt sich einen Ruck und will die Tür öffnen. Aber dann sieht er, dass innen eine Frau wartet. Er ändert seine Meinung, wendet sich ab und geht weiter.

Er geht die Straße entlang.

Er erreicht ein weiteres Schild.

Diesmal stößt er die Tür gleich auf. Ohne nachzudenken.

Der Empfangsraum ist warm und freundlich gestaltet. Sehr professionell. Die Angestellten kennen sich aus, und Ray lässt sich von ihnen an die Hand nehmen. Man empfiehlt ihm ein für die Einäscherung geeignetes Modell. Er entscheidet sich für einen »Sarg aus heller Eiche, ausgekleidet mit weißer Seide«. Er wählt die Farben der Rosen. Mit einem Papier in der Hand tritt er dumpf und benommen wieder auf die Straße hinaus. Er weiß nicht, was er mit dem Dokument anfangen soll. In die Wohnung nimmt er es nicht mit. Er »vergisst« es vielmehr im Kofferraum des Autos.

Viel später werde ich dieses Dokument wiederfinden. Und es wird mir sehr wichtig sein, es zu lesen. Wer kann schon von sich behaupten zu wissen, was der Ehemann für die Beerdigung ausgesucht hat? Ich werde versuchen, darüber zu scherzen.

Ich werde ihm sagen:

»Das ist gut, mein Liebster, das hast du sehr gut gemacht!«

Aber Ray steht der Sinn nicht nach Scherzen über diese Angelegenheit:

»Das war das Schwerste, was ich je tun musste! In meinem ganzen Leben! Ich hoffe zutiefst, dass du einen solchen Gang niemals für mich unternehmen musst!«

Und nach einem kurzen Moment des Zögerns werden wir beschließen, das Papier in den Müll zu werfen – diesen Vertrag über meine letzte Ruhestätte. Es gibt Erinnerungen, die einfach zu belastend sind, um sie bei sich aufzubewahren – selbst ganz hinten in einer Schublade, selbst im Kofferraum eines Autos.

Im Verlauf des Wochenendes lässt der Schock über das Urteil des Arztes und den Besuch bei dem Beerdigungsinstitut etwas nach. Die Benommenheit weicht langsam. Ray und Cathy erholen sich von dem Tiefschlag, den sie im Krankenhaus einstecken mussten. Beinahe unmerklich stellt sich nach dem ersten Zu-Boden-Gehen eine Widerstandshaltung ein. Sie telefonieren viel, erzählen Verwandten und Freunden immer wieder von den furchtbaren Gefühlen, die sie in den letzten Stunden durchlebt haben. Sie erzählen alles und lassen keine Kleinigkeit aus. Alle sind verblüfft, aber nicht alle sind so niedergeschmettert wie die beiden. Viele sind empört, erstaunt und stellen Fragen.

Cathy spricht mit der Patentante ihrer Tochter Mélanie, die Ärztin ist und außerdem die Tochter eines Arztes.

Allmählich wird alles klarer.

»Das ist doch unmöglich«, sagt Ray schließlich. »So geht das nicht! Es kann nicht ein einziger Arzt, auch wenn er ein Spezialist ist, im Alleingang ein solches Urteil fällen! So einfach schaltet man die Geräte bei einem Patienten nicht ab! Nicht so schnell!«

Eine so schreckliche Entscheidung darf auch gar nicht einfach so, im Vorbeigehen, gefällt werden: Es gibt sehr präzise gesetzliche Regelungen, die einzuhalten sind. Auf jeden Fall muss diese Frage im Kollegium entschieden werden – in Abstimmung mit den anderen behandelnden Ärzten und der Familie, und sie muss durch ein genaues Protokoll der Untersuchungen gestützt werden …

Deshalb tritt am Montag ein ganz anderer Ray durch die Tür der Schleusenkammer zur Intensivstation: Sein anfänglicher Kampfgeist ist wieder erwacht. Als er dem betreffenden Arzt begegnet, verläuft ihr Gespräch vollkommen anders als am Freitag. Ray nimmt keineswegs mehr die Haltung des kleinen Schülers ein, der dem allwissenden Doktor lauscht. Jetzt ist er derjenige, der das Kommando hat:

»Wir werden niemals zustimmen, dass man Angèle von den Geräten abschaltet! Niemals, haben Sie verstanden? Und was

Sie persönlich angeht, so sage ich es klar und deutlich: Ich will nicht, dass Sie sie noch einmal anrühren!«

Der Wissenschaftler beginnt erst gar nicht zu argumentieren. Er verdrückt sich einfach – als wäre er im Grunde damit einverstanden …

An diesem Tag sitzt Ray innerlich wieder ruhig und voller Tatendrang an meiner Seite. Eine tiefe Entschlossenheit erfüllt ihn. Das spüre ich ganz deutlich, als er meine Hand drückt, als ich seine ernste Stimme höre, die es wagt, ein paar zärtliche Worte zu flüstern. Ein weiteres Mal nimmt mein Schicksal eine unerwartete Wendung. Für diesmal bin ich gerettet, weil meine Liebsten sich geweigert haben, mich aufzugeben.

10

Hinter dem Vorhang

Ich befinde mich vor einem hohen Zinktisch. Er ist lang und schmal. Tröge stehen herum, überall hängen Haken, Waschbecken sind zu sehen. Die gekachelten Wände sind rot gefärbt, es herrscht ein fader, widerlicher Geruch. Von der Decke hängen tierische Gerippe herab. Kein Zweifel: Ich befinde mich in einer Schlachterei. Ich trage eine blutbefleckte Schürze. In der rechten Hand halte ich ein Hackbeil, mit dem ich ebenso heftig wie gleichförmig auf Fleischstücke einschlage, die an mir vorüberziehen. Eine Rippe und tschak! Noch eine Rippe, und schon ist auch sie entzweigehauen! Jetzt ein Knorpelgewebe! Und dann ein Fuß samt Zehen! Süße, kleine Babyfüße, die plötzlich bluten ... Ich schreie! Oder schreit etwa das Kind, das ich gerade zerlege ...

Wo bin ich nur?

Immer noch herrscht dieses Nichts um mich herum. Die höllische Schlachterei ist verschwunden. Ich befinde mich immer noch in dieser tiefen Dunkelheit, in der virtuellen Welt meiner Gedanken und von jetzt an – das haben die Bilder ja gezeigt – meines Wahnsinns.

Mein Herz schlägt mir bis zum Halse. Mir ist so, als ob kalter Schweiß in meinem Gehirn ausbräche. Was ist geschehen? Das Bild der unter das Hackbeil gezerrten Kinderfüße haftet in meinem Kopf wie die klebrigen Fäden eines zerrissenen

Spinnennetzes. Was bedeuten diese schrecklichen Bilder? Es muss ein Albtraum sein. Ich habe höchstwahrscheinlich Albträume, und das bedeutet, dass ich schlafe. Aber hier und jetzt würde ich viel darum geben, nicht mehr einen solchen Schlaf zu schlafen und stattdessen durch vernünftiges Überlegen in eine wohlige Erschöpfung zu finden. Ebenso würde ich lieber meine Ängste ertragen, als in solch scheußliche Wahnvorstellungen abzudriften …

Die Frage einer Frau, es muss eine Krankenschwester oder Pflegekraft gewesen sein, taucht in meiner Erinnerung wieder auf. Vielleicht phantasiere ich ja auch jetzt noch, aber ich bin ziemlich sicher, dass ich gehört habe, wie sie einen Arzt fragte:

»Geben wir ihr heute Pentothal?«

Diese Bezeichnung, Pentothal, kenne ich. Mich erinnert der Name an eine Droge. Vielleicht verabreicht man mir drogenähnliche Substanzen, um meinen Verstand zu stimulieren – ein bisschen so, wie die Künstler LSD geschluckt haben, um ihrer Kreativität neue Impulse zu verleihen. Außerdem frage ich mich, ob es nicht genau dieses Pentothal war, mit dem man das berühmte Wahrheitsserum herstellt … Aber welche Wahrheit könnte denn in einem so scheußlichen Albtraum verborgen sein? Mich beschleicht eine diffuse Schuld. Und dieses Empfinden haftet so hartnäckig wie ein unangenehmer Geschmack im Mund. Es ist erstaunlich und auch dumm, aber man fühlt sich für seine schlechten Träume immer irgendwie verantwortlich. Gegen unseren Willen besudeln sie uns.

Wie sehr mich das alles aufwühlt, zeigt sich auch daran, dass ich plötzlich an meine Mutter denken muss. Es ist erst vier Jahre her, dass sie gestorben ist. Sie war 95 Jahre alt und hat praktisch bis zu ihrem Tod zu Hause gelebt. Sie ist ganz friedlich an Altersschwäche gestorben, auch wenn der Arzt bei ihrer ersten Mammographie etwas in ihrer Brust gefunden hatte – da war sie 90 Jahre alt … Ihre hübschen Wangen behielten bis zum Ende ihren rosigen Teint. Was würde sie, was würde meine Mutter nur von ihrer kleinen Angèle denken, die von Wahnvorstellungen besessen ist, in denen sie kleinen Kindern mit einem Beil die Füße abhackt?

Mama, bist du da? Wenn die Lebenden mich schon nicht hören können, so sind vielleicht die Toten dazu in der Lage!? Liebste Mama, pass gut auf deine kleine Tochter auf! Sie ist kein Monster geworden, sie ist nur furchtbar durcheinander. Und deine kleine Angèle, dein jüngstes Kind, braucht dich hier und jetzt so dringend! Sie braucht deine unendliche Liebe, deine unerschütterliche Zuwendung und deine beruhigende Fürsorge. So wie als Baby. So wie ein Kind, das sich im Dunkeln verirrt hat. Ja, genau: Ich bin wieder das kleine Mädchen, das nachts allein in seinem Zimmer liegt und seinen Ängsten ausgeliefert ist. Es braucht die schützenden Arme seiner Eltern.

Du kannst mich hier nicht allein lassen! Du musst etwas tun. Irgendjemand muss doch etwas tun, damit das alles hier aufhört, damit dieser lange Albtraum ein Ende findet. Ich bin sicher, du siehst mich von dort, wo du jetzt bist. Du, die du so gläubig warst, die du uns jeden Sonntag mit in die Messe genommen hast. Du, die du so sehr an die Schutzengel glaubtest … Von nun an glaube ich auch daran, denn jetzt glaube ich, dass du mein Schutzengel bist. Ich bin ganz sicher, dass du mir helfen kannst. Ich gehöre nicht zu denjenigen, die oft die Gräber ihrer Liebsten aufsuchen, das stimmt schon. Ich bin auch der Meinung, dass man Blumen besser den Lebenden schenkt. Warum sollen sich auf den Grabstätten Blumensträuße türmen? Die Toten liegen doch schon unter der Erde. Es ist sicher sehr viel hilfreicher, mit ihnen zu sprechen; den Toten ist eine Teilhabe an den alltäglichen Gedanken sicher viel lieber als einmal im Jahr ein Chrysanthemenstrauß.

Ich denke ganz intensiv an dich, Mama! So intensiv, dass du mich einfach hören musst. Du, die du fast 100 Jahre alt geworden bist, wirst es doch nicht dulden, dass das jüngste deiner fünf Kinder als Erstes stirbt. Du kannst mich nicht loslassen und wirst mich auch nicht loslassen. Und wenn du mich siehst, Mama, wenn du da bist, hier bei mir, und mir Kraft gibst, dann kann auch ich nicht aufgeben. Denn wenn ich mich nicht in Acht nehme, werde ich fallen. Ich klammere mich an dich: Ich weiß nicht, ob du dort oben, wo du jetzt weilst, noch immer eine alte Frau bist, aber ich bin ganz sicher, dass deine Arme noch immer so stark sind wie früher, als es darum ging, meine Kinderängste zu bannen.

Ich denke auch an den Berg Sainte-Odile. Dort oben gibt es nicht nur die heilige Quelle; etwas unterhalb liegt die Fontaine Lucie. Auf dem Weg hinab zum ehemaligen Kloster von Niedermunster stößt man auf diese Wunderquelle, die, unbeachtet von Touristen, versteckt im Wald liegt. Sie entspringt einem Felsen und plätschert in ein ausgewaschenes, grün bemoostes Steinbecken, bevor sie von dort über eine in den Sandstein gehauene Rinne zu Tale fließt. Es ist gute Sitte, dass die dort vorbeikommenden Wanderer mit ihren Stöcken die Blätter entfernen, die das Becken füllen und die Rinne verstopfen. Dies vollziehen die Menschen, die dort oben spazieren gehen, beinahe wie eine rituelle Handlung. Die Gegend ist so friedlich und ruhig, und das Wasser ist kühl, um nicht zu sagen kalt. Könnte ich mich jetzt mit diesem Quellwasser benetzen, so würden sich, davon bin ich überzeugt, meine Augen öffnen und meine Finger wieder bewegen lassen.

Ich bete das Vaterunser. In kritischen Augenblicken findet die Religion stets ihre Anhänger. Ich bin keine Strenggläubige. Erstaunt bemerke ich, dass ich unwillkürlich zu den Gottheiten verschiedener Religionen bete! Auch zu dem Gott der Juden und dem Gott der Muslime. Läuft ihre Religion nicht im Grunde auf das Gleiche hinaus wie das Christentum? Auch Buddha bedenke ich, warum auch nicht? Man weiß nie … Auf den Namen des Gottes kommt es nicht so sehr an, wenn er mich nur hier im Leben festhält. Keine dieser Gottheiten soll mich schon jetzt zu sich rufen! Noch nicht. Ich möchte Ray nicht verlassen, und auch Cathy, Célia und Mélanie nicht. Meine beiden Enkelinnen brauchen doch eine Oma. Ich bin es ihnen schuldig, mich gegen den Tod zu stemmen, ihnen und meiner Mutter, meinem Vater, meinen Brüdern und Schwestern, meiner ganzen Familie, all meinen Freunden … Ich bin dieses Lebens doch noch kein bisschen überdrüssig, obwohl es im Augenblick so absurd und schrecklich ist. Ich staune über mich selbst: Welch ungeheure Energie steckt auch jetzt noch in diesem reglosen Körper.

Die Götter erhören mich. Sie rufen mich nicht zu sich: Der Blick in den berühmten Tunnel, von dem in den *Near Death Experiences*, den Nahtoderfahrungen, so oft die Rede ist, bleibt mir erspart. Ich blicke noch nicht unmittelbar in diese ihren verlockenden Sog entfaltende Leere, ich stehe noch nicht am Rand dieses Lochs, in das man allem Anschein nach willig gleitet – unwiderstehlich angezogen von einem strahlenden Licht, einem ruhigen Frieden und der Verheißung von

Glückseligkeit. Ich treffe keinen meiner verstorbenen Verwandten, niemand erwartet mich dort sanft lächelnd in einem bauschigen weißen Kleid. Doch ich kann nicht mehr weit entfernt sein von dieser Welt ohne Schmerzen, ja, noch nie bin ich ihr so nahe gewesen – das steht außer Frage. Aber es steht auch außer Frage, dass ich noch nicht auf der anderen Seite bin. Selbst wenn die anderen daran zweifeln, ich habe diese Welt hier auf Erden noch nicht verlassen, dieses Tal der Tränen, aber auch des Glücks, in dem all diejenigen auf mich warten, die ich liebe und die ich wiederfinden will.

Ich durchlebe auch nicht jene Erfahrungen der »Entkörperlichung«, also die Vorstellung des Sterbenden, dass er seine fleischliche Hülle verlässt, davonschwebt und sie von oben auf dem Totenlager hingestreckt betrachtet.

Ich sehe nur das unendliche Dunkel und die bunte Vielfalt meiner Gedanken.

Cathy ermahnt mich:

»Wach auf, Mama! Wir brauchen dich ... Deine Enkelinnen brauchen dich. Sie warten auf dich, um mit dir die Gipfel in den Alpen zu besteigen ...«

Ich bin da, mein Schatz, mach dir keine Sorgen. Ich bin da, gleich hinter dem Vorhang. Und ich tue alles, was ich kann, um ihn zur Seite zu schieben.

11

Elektronischer Aufruhr

Mein Bruder Paul befindet sich neben mir. Ich habe ihn erkannt. Ich habe mich jetzt so an das Dunkel gewöhnt, dass ich den Eindruck habe, diejenigen zu sehen, die mich besuchen. Ich glaube, dass Paul zum ersten Mal hier bei mir im Krankenhaus ist. Es macht mich glücklich, seine Nähe zu spüren. Geschwister sind so wichtig …

Fünf Brüder und Schwestern, wir sind beinahe eine richtige Sippe. Und eine Sippe ist nützlich, wenn man sich verteidigen muss. Ich kann der Unterhaltung nicht sehr gut folgen, aber das Wort »Sarg« höre ich. Sofort ändert sich mein Gemütszustand: Der zarte Anflug wohliger Vertrautheit ist dahin. Wieder kommt es mir vor, als umgäbe ein eiskaltes Laken meine Seele. Aber wie um Himmels willen soll ich mich ihnen mitteilen? Wie soll ich ihnen begreiflich machen, dass …

Jetzt spricht Paul mit mir.

Seine Stimme zittert. Sie klingt, als würde er nur mühsam das Weinen unterdrücken.

»Angèle, Schwesterchen, du wirst doch nicht sterben, ohne dich wenigstens von mir zu verabschieden? Das kannst du uns doch nicht antun, nicht wahr? Du wirst doch nicht einfach so von uns gehen, ohne uns irgendetwas zu sagen …«

Ich ergänze für mich: »ohne ein Wort, ohne ein Lächeln …«

Aber ich habe doch unentwegt Worte auf den Lippen, ich

lächele euch doch unentwegt an! Nur jetzt nicht: Jetzt zerreißt mich der Kummer. Ich zittere, ich schluchze innerlich vor Schmerz. Mein Bruder schafft es tatsächlich, meinen steinernen Körper zum Weinen zu bringen …

Plötzlich höre ich, wie er in den Flur hinausruft:

»Bitte kommen Sie! Schnell! Etwas stimmt nicht!«

Die Geräte geben Alarmzeichen von sich.

Das Elektrokardiogramm, das alle Aktivitäten der Herzmuskelfasern aufzeichnet, spielt verrückt. Und Paul auch.

Die herbeigeeilten Schwestern sind viel abgeklärter als er.

»Regen Sie sich nicht auf!«

»Was geht denn hier vor sich? Gibt es Probleme? Sie wird doch nicht etwa sterben?«

Er erhält keine Antwort. Er vergisst, dass ich für diese Leute bereits tot bin … Für sie bin ich nur noch ein künstlich am Leben gehaltener Körper. Nur die Mechanik ist noch am Werk.

Schließlich beruhigen sich die Geräte wieder. Vermutlich hat dieses Erlebnis Paul in eine ebenso tiefe Verwirrung gestürzt, wie all meine anderen Angehörigen sie durchmachen: Sollen sie sich freuen, wenn die Geräte ruhig ihre Arbeit verrichten, oder ist es besser, wenn sie Warnsignale von sich geben? In jedem Fall sollten meine Lieben wohl davon ausgehen, dass ich, auch wenn ich gerade im Sterben liege, noch am Leben bin!

Es gibt so viel, was ich ihm sagen möchte! Dieser elektronische Aufruhr war nicht Ausdruck des Todes, er war genau das Gegenteil: Er war Ausdruck des Lebens. Meines Lebens.

Ohne es zu wissen, hat Paul mir eine wichtige Erkenntnis vermittelt: Ich bin in der Lage, Gefühlsregungen aus meiner starren körperlichen Hülle hinauszusenden. Es gelingt mir, meine Schreie über die zwischengeschalteten Geräte nach außen zu transportieren.

Immer wieder gerät mein Herz auf unkontrollierte Weise aus dem Takt. Dass dies nicht nur meine Empfindung ist, schließe ich daraus, dass es in diesen Augenblicken hektisch um mich herum wird und von Tachykardie, also von Herzrasen, die Rede ist.

Wenn mein Körper reagiert, so müssten sie doch verstehen, dass dies geschieht, weil auch mein Geist noch lebendig ist. Wenn mein Herz so außer sich gerät, so müssten sie doch daraus schließen, dass dies geschieht, weil es sich mit seinem Todesurteil konfrontiert sieht. Aber für das Krankenhauspersonal ist das reine Theorie, in der Praxis eher unwahrscheinlich. Sogar sehr unwahrscheinlich. Sie halten mein Herzrasen vermutlich für ein mechanisches Phänomen. In ihren Augen bin auch ich eine Maschine. Und zwar eine Maschine, die logischerweise aus dem Takt geraten kann, weil ihre Zeit um ist. Die wichtige Erkenntnis, die mir Paul vermittelt hat, wird sogleich durch die bittere Feststellung zunichtegemacht: Ich kann zwar schreien, aber sie verstehen mich falsch.

12

Die Hellseherin

Ein weiterer Albtraum. Mir ist furchtbar heiß, und ich werde von einem zum anderen gereicht: Ich bin eine von allen begehrte Puppe, die jeder ergattern und berühren will ... Eine Pflegerin schnappt mich, läuft mit mir fort und versteckt mich in einem verborgenen Winkel. Eine andere taucht auf, klaut ihr ihren Schatz, klemmt mich unter den Arm und versteckt sich nun ihrerseits ... Das ist kein sexuell begründeter Albtraum, auch wenn ich das Objekt einer sehr ausgeprägten Begierde bin. Vielmehr bin ich wie ein Spielzeug, um das sich Kinder auf dem Pausenhof streiten. Oder wie ein Knochen, um den sich eine ganze Meute Hunde balgt. Man begehrt mich so sehr, dass man mich beschädigt, zerreißt. Am Ende wird man mich zerbrechen. Mich zermalmen.

Das Hauptproblem besteht darin, dass man mich auf diese Weise vor denjenigen versteckt, denen ich wirklich gehöre: vor meiner Familie.

Ray ist gar nicht weit weg: Ich höre ihn, er ruft nach mir, er sucht mich ... Ich gerate in Panik: Er muss mich doch, verdammt noch mal, bald finden! Die anderen werden mich doch hoffentlich bald freigeben, sie werden mich hoffentlich bald wieder in Ruhe lassen. Wenn Ray mich nicht findet, dann werden sie mich kaputt machen, das steht fest. Wenn er verschwindet, bin ich verloren.

»Alles ist gut, mein Liebling, alles ist gut …«

Ray ist da. Er ist wirklich da: Ich träume nicht mehr. In dieser unendlichen Nacht, mitten in diesem langen Albtraum, der zu meinem Leben geworden ist, wache ich auf. Wie lange bin ich nun schon hier auf diese Weise eingeschlossen? Wie viele Tage? Er hält meine Hand, er spricht mit mir. Er ist nicht mehr so schweigsam wie am Anfang. Er zwingt sich zu diesem Zwiegespräch, in dem er doch keine Antwort erhält. Das tut gut. Ich beruhige mich. Auch die helle Stimme von Cathy höre ich. Sie sind zusammen hier, meine Liebsten. Sie haben wieder zu mir gefunden. Sie haben einen Blick hinter den Vorhang geworfen. Wenigstens sie haben begriffen, dass ich nicht von ihnen gegangen bin. Sie beschützen mich. Sie sind meine Wächter. Solange sie mich bewachen, wird man es nicht wagen, mich fortzuwerfen.

»Mama, Mama, wir sind hier!«

Ich auch, meine Kleine, ich bin auch da, das weißt du. Und du weißt sicher auch, dass ich in meinem Innern weine. Aber dieses Mal sind die unsichtbaren Tränen eher süß als bitter.

Sie sind wieder fort. Sie versuchen, ein Leben außerhalb des Krankenhauses zu führen, aber ich bezweifle, dass sie ganz normal weiterleben. Solange meine Situation so unklar ist, kann das nicht gelingen. Ich will mir ihre Verzweiflung gar nicht vorstellen: Die Gedanken daran sind die allerschlimmsten für mich. Ich konzentriere mich stattdessen auf die Geräusche, die meiner Einsamkeit Farbe verleihen. Das Beatmungsgerät. Der Rhythmus der Schritte. Die endlos laufende höllische Musik. Die alltäglichen Geschichten der Pflegerinnen, während sie ihre Arbeit verrichten.

Ich habe Glück: Wieder haben zwei Frauen mein Zimmer als Ort für Vertraulichkeiten auserkoren.

»Soll ich dir das Neueste von Julie erzählen?«

»Was hat sie denn nun schon wieder angestellt?«

»Sie war zwei Tage bei ihrer Freundin Clémence auf dem Land. Mit deren Eltern, so hieß es zumindest. Gestern Abend schnappe ich mir ihre Tasche, um die schmutzigen Sachen auszupacken. Und was finde ich in einer Seitentasche? Präservative!«

»Oje! Wie alt ist sie noch mal, deine kleine Julie?«

»16! Also noch reichlich jung, oder etwa nicht? Ich kann dir sagen, da hat es ganz schön geknallt! Ihr Vater war außer sich. Und mir ging es beinahe genauso. Ich bin schließlich auch noch ziemlich jung ... zu jung, um Oma zu werden! Ganz ehrlich!«

Sie lachen. Und ich, das Möbelstück zwischen ihnen, lächele. Ich denke an Cathy. Meine brave Cathy. Sie hat mir in ihrer Jugend keine üblen Streiche gespielt. Sie hat uns nicht zur Verzweiflung getrieben. Größere Dummheiten gab es nicht. Nur harmlose Heimlichkeiten. Natürlich hatte sie ihre kleinen Geheimnisse, aber das ist doch ganz normal. Vielleicht sogar wünschenswert. Jeder hat seine kleinen Geheimnisse. Das muss so sein.

Das gilt für mich genauso. Ach, nichts wirklich Schlimmes. Wir waren damals so unglaublich brav ...

Mir fällt die Geschichte von meiner Wahl zur Miss Kochersberg ein. Ich war noch keine 18 Jahre alt, aber in der Lokalzeitung stand am nächsten Tag etwas anderes unter dem Foto, auf dem ich mit Schärpe, Blumenstrauß und langen Haaren zu sehen bin und unbefangen und etwas überrascht von dem ganzen Treiben in die Kamera lächele. Mit einem Nummernschild, auf dem eine Acht stand, war ich an der Jury vorbeigeschritten. Ich war noch minderjährig, hatte bei der Altersangabe gemogelt. Es muss 1968 oder 1969 gewesen sein. Ich war mit meiner Familie auf einem Ball. Über Lautsprecher wurden Kandidatinnen für den Wettbewerb gesucht. Die anderen drängten mich zum Mitmachen: »Geh schon, einen Trostpreis bekommst du auf jeden Fall! Ein Freigetränk ist dir sicher ...« Stattdessen erhielt ich dann sehr viele Geschenke.

Mein Onkel Charles, der Bruder meines Vaters, freute sich sehr mit mir und beglückwünschte mich begeistert. Ganz anders als meine Eltern! Heute beschleicht mich jedoch der leise Verdacht, dass auch sie trotz ihrer Vorwürfe stolz waren, als am Morgen danach die Nachbarn kamen und sie darauf ansprachen, dass sie ihre Tochter in der Zeitung gesehen hätten.

Und dann gab es noch die Sache mit der Hellseherin. Es ist merkwürdig, dass ich mich ausgerechnet jetzt daran erinnere: Ich hatte diese Geschichte vollkommen vergessen. Da ich ja sonst nichts zu tun habe, bringe ich Ordnung in meine Erinnerungen: Ich wühle in den Schubladen meines Gedächtnisses, ziehe alte Aufzeichnungen hervor und blase den Staub von ihnen herunter ...

Diese Geschichte liegt noch etwas länger zurück als die Wahl zur Schönheitskönigin: Ich kann höchstens 16 Jahre alt gewesen sein und war mit drei oder vier Freundinnen unterwegs. Ich weiß nicht mehr, wer von uns diese abgedrehte Idee hatte, aber ich war es nicht! Wir hatten uns mit unseren Mofas auf den Weg gemacht. Eine Hellseherin hielt ihre Sitzungen am nördlichen Stadtrand von Strasbourg, in Hoenheim, ab. Ich hatte ein Foto von Ray dabei. Schon damals! Ich kannte ihn vom Sehen, er war der Freund von ein paar Freundinnen. Wir wechselten zwar hin und wieder ein paar Worte miteinander, mehr aber nicht.

Die Hellseherin betrachtete das Foto eingehend. Sie sagte zwar nicht ausdrücklich, dass ich ihn heiraten würde, aber wenn ich jetzt zurückblicke, muss ich zugeben, dass sie richtig lag: Sie sagte voraus, dass ich »einen Mann in Uniform« heiraten würde. Und diese Uniform hat Ray später dann tatsächlich getragen – als er bei der Polizei anfing. Ich habe ihm, auch wenn er schon so lange mein Ehemann ist, nie von dieser Begegnung erzählt. Er wird ganz schön überrascht sein, wenn ich das jetzt nachhole. Wenn es mir irgendwann gelingt, wieder mit ihm zu sprechen; wenn ich dieses Gefängnis verlasse …

Am Ende nahm die Hellseherin meine Hand in die ihre. Sie sagte mir, dass ich eine bestimmte Gabe hätte! Aber sie führte nicht aus, um welche Gabe es sich handele, und ich wagte nicht, sie danach zu fragen. Es sei an der Zeit, dass ich das selbst herausfände! Dann begutachtete sie eine meiner Handinnenflächen. Sie verkündete, dass ich eine gute Kopflinie hätte, aber sie runzelte die Stirn, als sie meine Lebenslinie betrachtete …

Sie stieß nur hervor:

»Vergessen Sie nicht, Ihr Leben schon vor dem Ruhestand zu genießen!«

Mir lief ein eiskalter Schauer den Rücken hinunter.

»Warum!? Wollen Sie etwa sagen, dass ich jung sterben werde?«

Sie vertiefte sich erneut in die Betrachtung meiner Handlinien und folgte einer der Linien mit ihrem Finger. Nach ein paar nicht enden wollenden Augenblicken des Schweigens schien sich ihre Meinung geändert zu haben:

»Ich sehe eine tiefe Kerbe … Aber die Linie geht danach weiter.«

Ich weiß noch, dass mich ein leichtes Misstrauen beschlich. Ich befürchtete, dass sie einfach nur ihre Weissagungen wieder rückgängig machen wollte. Aber das wäre ganz schön billig: Erst verkündet sie das Allerschlimmste, und ich gerate in Panik, worauf sie anschließend beteuert, dass alles gut ausgeht!

Auf jeden Fall wusste ich nichts Rechtes mit diesem Ergebnis anzufangen. Sollte ich ihr Glauben schenken? Mir etwa Sorgen machen? Ich entschied mich für den leichtesten Weg: so schnell wie möglich alles vergessen, nicht weiter grübeln, diesen dummen Einfall junger Mädchen für immer und ewig ganz tief in meinem Gedächtnis vergraben. Diesen kleinen Ausflug nicht nur vor meinen Eltern verstecken, sondern auch vor mir selbst.

Wie erstaunlich, dass diese Sache jetzt, mehr als 40 Jahre später, wieder auftaucht. Aber jetzt gewinnt sie eine vollkommen neue Bedeutung. Meine damalige Hochnäsigkeit der Hellseherin gegenüber ist verflogen. Begierig rufe ich mir ihre Ahnungen wach – zugleich flehend und dankbar. Ich sehe sie nun mit anderen, ehrfürchtigen Augen und begreife, dass ich tatsächlich an dieser Kerbe bin, genau an diesem Übergang. Und wenn es ein Übergang ist, dann bedeutet das, dass es ein Danach gibt, ein anderes Ufer. Es bedeutet also nicht das Ende. Ich werde das Ufer erreichen. Ich werde es dorthin schaffen. Es ist kein Zufall, dass mir die Worte der Hellseherin ausgerechnet heute wieder in den Sinn kommen. Es ist ein Zeichen. In meiner Situation ist jeder noch so kleine Hoffnungsschimmer wichtig. Aber dieses hier ist weitaus mehr, das spüre ich. Es erfüllt mich mit einer neuen Gewissheit, es verleiht mir wieder Kraft, impft mir eine große Dosis Optimismus ein, die mich beinahe trunken macht: Mein Leben ist nicht zu Ende, ihr Doktoren, das verkünde ich hiermit in aller Deutlichkeit! Mein Leben wird noch lange dauern, und es wird nicht von Maschinen allein abhängen.

13

Die Träne

»Heute ist Hochzeitstag!«

Was erzählen sie denn da? Heute? Verdammt! So lange bin ich also schon im Krankenhaus!

Ich bin am 13. Juli abends in die Notaufnahme gekommen. Und heute soll also schon der 24. oder 25. Juli sein? Beide Tage kommen infrage, da Ray und ich am 24. Juli im Rathaus und anschließend am 25. Juli in der Kirche geheiratet haben. Es war ein sehr schönes Fest. Nach der Messe in meinem Heimatort Gambsheim nördlich von Strasbourg fand das Festessen in der Nachbargemeinde Kilstett statt – nur wenige Meter vom Rheinufer entfernt. Das war 1970, also vor mittlerweile 39 Jahren. Ich war damals noch ein Mädchen gewesen, gerade einmal 18 Jahre alt. Aber es war eine gute Entscheidung! Eine Entscheidung, die ich niemals bereut habe, ganz im Gegenteil.

Was Ray heute wohl denkt? Wie sieht seine Gemütsverfassung aus? Wie sieht sein Alltag aus? Es ist der traurigste Hochzeitstag, den wir jemals hatten …

Wie gern würde ich ihn umarmen!

Oder ihn einfach nur anlächeln. Einfach nur ihm ein Lächeln aufs Gesicht zaubern.

Wo werden wir unseren 40. Hochzeitstag feiern? Wird es überhaupt eine 40. Auflage geben? Ein Fest, das dieser Liebe angemessen ist, dieser Beziehung, die wir so gut hüten und die nichts erschüttern kann?

Wieder weine ich in meinem Gefängnis, durch dessen Mauern nichts nach außen dringt. Wenn ich mich meinen Liebsten doch nur mitteilen könnte! Wieder schluchze ich, obwohl ich mich doch eigentlich freuen sollte.

Cathy spricht voller Zärtlichkeit mit mir.

»Mach dir keine Sorgen, liebste Mama, ich kümmere mich um Papa, alles ist gut!«

Mein Herz wird überwältigt von einem Strom unterschiedlicher Gefühle: Liebe, Trauer und Angst vermengen sich und verwandeln meinen Körper in ein einziges Tränenmeer – so kommt es mir jedenfalls vor.

Sie fährt fort:

»Du darfst nicht von uns gehen ... Weißt du, ich habe es dir noch nicht gesagt, aber ich möchte noch ein drittes Kind haben! Und dieses Kind musst du unbedingt kennenlernen! Und dieses Kind muss unbedingt seine Oma kennenlernen!«

Mein Mann, meine Tochter, meine Enkel ... Mein Leben. Dieses so vertraute Leben, das mir auf so seltsame Weise genommen wurde ... Ich habe das Gefühl, als würde ich ersticken.

»Mama?«

Ich spüre, dass Cathy plötzlich aufsteht.

»Papa!«

»Ja?«

»So schau doch, Papa!«

»Was ist denn?«

Sie beugen sich so tief über mich wie nie zuvor. Ich nehme ihren Atem wahr, ihre Unruhe.

»Aber sieh doch! Mama weint!«

»Was erzählst du denn da?«

»Die Träne, dort! Ich hatte schon den Eindruck, dass sie weinte, während ich mit ihr redete … Aber jetzt besteht kein Zweifel: Sieh genau hin, da läuft doch eine Träne hinunter, oder etwa nicht?«

Jetzt steht Ray auf.

»Ich werde jemanden holen!«

»Mama, Mama …«

Die Stimme meiner Tochter scheint zwischen Verzweiflung und Glück zu schwanken. Genau wie manchmal auch Lachen und Weinen, Weinen und Lachen kaum auseinanderzuhalten sind.

Stimmengewirr erfüllt das Zimmer, Leute drängen herein.

Begeistert platzt Cathy mit ihrer Entdeckung heraus:

»Mama hat reagiert! Sie hat geweint! Eine Träne ist gerade über ihre Wange gelaufen!«

Schweigen.

Dann das vernichtende Urteil:

»Das ist das Gel.«

»Wie bitte?«

»Es muss das Gel gewesen sein. Sie wissen doch, dass wir Gel auf die Augenlider auftragen … Freuen Sie sich nicht zu früh.«

Aber Cathy will sich so gerne freuen! Jetzt sofort! Die guten Neuigkeiten sind nicht so reich gesät, dass sie einfach über sie hinweggehen könnte.

»Ich weiß, dass Sie ihr Gel auftragen! Aber das war ganz eindeutig eine Träne!«

Die Stimme ist wieder hinausgegangen. Seit ich hier im

Dunkeln liege, hat sie stets eine unerschütterliche Gleichgültigkeit an den Tag gelegt, so kommt es mir zumindest vor.

Bei Cathy hat sich die Aufregung aber nicht gelegt. Und mich hat sie angesteckt. Ich fühle, dass ich am ganzen Körper bebe. Ich hänge an ihren Lippen. Mit glühendem Eifer und einer neuen Entschlossenheit bedrängt sie mich förmlich:

»Mama, hörst du mich? Kannst du mich hören? Wenn du mich hörst, dann sag es mir. Zeig es mir! Weine! Beweg irgendetwas!«

Ich nehme bei Ray und Cathy so etwas wie eine große Überraschung wahr. Dann folgt ein dumpfer, stockender Satz, der beider Herzen offenbar höherschlagen lässt:

»Sie hat einen Finger bewegt!«

Diesmal war es Ray, der gesprochen hat.

»Es war kaum zu sehen, aber sie hat den Finger bewegt! Hast du es gesehen?«

»Bist du sicher?«

»Angèle, mein Liebling, das ist wunderbar! Du hast dich bewegt!«

Jetzt kommt es mir vor, als habe sich endlich ein Lichtstrahl in dieses unendliche Dunkel gebohrt ... Als würde das Halseisen, das mich seit mehr als zehn Tagen in die Regungslosigkeit zwingt, endlich brüchig werden.

Mit all meiner Kraft wollte ich es schaffen, dass mein Arm sich von meinem Körper hebt, um ihnen einen Wink zu geben, um sie hier bei mir festzuhalten, um ihnen mein Dasein mitzuteilen! Mit all meiner Kraft wollte ich es schaffen, dass die in meinem Innern so haltlos fließenden Tränen sich ihren Weg nach außen bahnen! Ich habe es so sehr versucht, es mir so sehr gewünscht, so sehr erfleht! Es ist, als habe sich das Gefängnis meines Körpers, zermürbt durch die Unnachgiebigkeit meines Geistes, endlich wieder aufgetan.

Ich kehre zu meinen Lieben zurück. Ich bin auf dem Weg zurück ins wirkliche Leben.

Ich weine vor Freude.

Das ist der schönste Hochzeitstag, den wir je hatten!

14

Der Alarm

Was ist aus dieser kostbaren Träne geworden? Ich hätte sie so gerne für immer aufbewahrt und in einer Schachtel gehütet wie einen Schatz, den man von Zeit zu Zeit voller Bewunderung betrachtet.

Cathy ist so glücklich, dass auch ich innerlich vor Glück strahle. Endlich!

Endlich haben meine Lieben die Gewissheit, dass ich tatsächlich noch da bin!

Endlich werden die Ärzte nun begreifen, wie es wirklich um mich steht!

Endlich verbessert sich mein Zustand, und die Lähmung büßt an Macht ein.

Endlich treten die Albträume den Rückzug an: Ich muss mich nicht länger fragen, ob ich vielleicht die ohnmächtige Zuschauerin meiner eigenen Aufbahrung sein werde oder ob ich der Entnahme eines meiner Organe bei lebendigem Leibe beiwohnen werde. Alles kann nur besser werden. Die Erleichterung ist so groß, beinahe überwältigend … Selbst wenn ich im Grunde die ganze Zeit über zutiefst davon überzeugt war, dass ich irgendwann wieder aus diesem Gefängnis herausgelange. Es konnte einfach nicht sein, dass dieser abnorme Zustand anhält. Was ich hier durchlebe, übersteigt jede Vorstellung! Es ist genauso verrückt, genauso unwirklich wie ein

Traum. Und ein Traum endet stets damit, dass man irgendwann wieder aufwacht.

Ich bin so aufgewühlt, dass ich ein ständiges Summen und Brummen vernehme. Ich fühle mich beinahe wie eine dicke, emsige Biene! Und dieses Brummen hört nicht mehr auf: Es ist unablässig da, nimmt nicht ab und verschwindet auch nach den Besuchen nicht. Es ist erstaunlich: Gestern, als ich noch ganz in meinem Körper gefangen war, konnte ich sehr gut hören, während ich heute von fürchterlichen Ohrengeräuschen geplagt werde. Es kommt mir vor, als würden unablässig zwei Dampfkochtöpfe direkt neben meinem Schädel auf Hochtouren laufen. Ununterbrochen herrscht ein höllisches, abstumpfendes Pfeifen und Zischen um mich herum.

Ich werde aus meinem Dunkel herausgerissen: Meine Augen sind wieder frei. Aber das Licht überschwemmt mich jetzt förmlich; es ist so grell, dass ich es als aggressiv empfinde. Ich kann nur sehr schlecht sehen. Meine Augen funktionieren nicht mehr synchron. Sie blicken nicht in dieselbe Richtung. Ich schiele furchtbar, sehe alles verschwommen, doppelt, unscharf …

Dennoch ist es ein ungeheures Glück, Ray und Cathy wieder zu sehen, selbst wenn ich sie verschwommen, doppelt und unscharf wahrnehme. Ihr Lächeln erkenne ich sehr scharf! Und ich bin sicher, dass ich meinerseits ebenfalls lächele, obwohl mein Gesicht vollkommen starr bleibt.

Damit ich nicht weiter alles doppelt sehe, beschließen die Ärzte, mir ein Auge zuzukleben. An einem Tag das rechte Auge, am nächsten Tag das linke. Sie machen mich einäugig: Zunächst wird mir ein einfaches Abschmink-Pad auf die Haut geklebt, später eine Art Verband angelegt. Jedes Mal, wenn der Verband abgenommen wird, fällt es meinen Augenlidern sehr schwer, sich zu heben. Die Wimpern sind verklebt. Ich brauche Zeit, um aus dem Nebel aufzutauchen.

Jemand schaltet den Fernseher für mich ein, aber das ist sinnlos: Ich kann nichts erkennen, nichts verstehen. Die Bilder sind gerade noch erträglich, aber der Ton ist nicht auszuhalten! Die Dampfkochtöpfe neben mir hindern mich daran, jeglicher Unterhaltung zu folgen.

Damit ich ein paar Worte aufschnappe, muss man wirklich ganz nahe an mich heranrücken und sehr laut und deutlich sprechen. Die Beratungsgespräche der Ärzte am Fußende meines Bettes dringen nicht bis zu mir. Was sagen sie? Welche Erklärungen haben sie für meinen Fall? Haben sie Zweifel an ihren Diagnosen? Sprechen sie mit mir? Bitten sie um meine Einschätzung? Für mich bleiben sie nur farbige Umrisse, die lärmend herumschwirren. Ray dient mir als Übersetzer. Seine Berichte von ihren Gesprächen liefern mir keine großen Erkenntnisse. Ihre übertriebene Fachsimpelei verbirgt lediglich ihre Ratlosigkeit.

Ich habe geweint, ich habe den kleinen Finger bewegt, ich habe die Augen geöffnet … Das sind wunderbare Fortschritte. Aber wahr ist auch, dass ich – bis auf diese entscheidenden Ausnahmen – weiterhin gelähmt bin.

Es ist, als sei etwas in mir kaputtgegangen. Für meinen Körper ist nichts mehr selbstverständlich. Er verfügt nicht mehr über die Automatismen, die uns einfach so funktionieren lassen. Ich denke an die Auferweckung des Lazarus von den Toten in der Bibel. Er konnte sich unmittelbar nach seiner Auferweckung erheben, er konnte umherlaufen und Jesus, seinen Retter, dankbar umarmen. Er konnte mit seinen Freunden sprechen und zur Feier dieses außergewöhnlichen Ereignisses ein Festmahl mit ihnen halten.

Ich hingegen kann nichts davon.

Mein Körper ist ein Wrack. Es bedarf einer Menge Arbeit, Willenskraft und Hartnäckigkeit, um die Fähigkeiten wieder zu erwerben, über die er noch vor Kurzem ganz selbstverständlich verfügte.

Mit den sehr begrenzten Beobachtungsmöglichkeiten, über die ich nun verfüge (meine Augen und Ohren sind zwar wieder offen, aber der Blick ist getrübt und das Gehör stark beeinträchtigt), versuche ich, meine Situation zu analysieren. Ich bin in einem Netz aus Kabeln und Schläuchen gefangen. Ganz praktische Fragen schießen mir durch den Kopf. Wie ernähre ich mich eigentlich? Feststehende, wiederkehrende Zeitpunkte für Mahlzeiten konnte ich noch nicht ausmachen. Wie gehe ich eigentlich zur Toilette? Man legt mir doch nicht etwa Windeln an, oder? Vielleicht doch ... Ich bin nicht in der Lage herauszufinden, was sich unter mir befindet. In regelmäßigen Abständen, etwa alle vier bis fünf Stunden, dreht man mich tags wie nachts für ein paar Minuten auf die Seite. Mein Rücken wird dann mit *Biafin* oder einer Körpermilch eingerieben. Es fühlt sich an, als würden die Krankenschwestern ein Holzbrett abbürsten. Aber es bereitet mir keine Schmerzen ... Warum wird diese Behandlung so oft durchgeführt? Bin ich so schmutzig?

Ray beugt sich ganz nah zu meinem Ohr und erklärt mir, dass dies eine Vorsichtsmaßnahme ist, um Wundstellen vorzubeugen. Was die Nahrung angeht, so stelle ich mir vor, dass sie mir durch eine dieser Sonden zugeführt wird, die mich hier festhalten. Wo gerade ich eine gute Mahlzeit so sehr schätze!

Ein schönes Stück Fleisch, ein gutes Glas Wein und die Freude über ein gemeinsames Essen! Was ist das für ein unsichtbarer Brei, den man mir nunmehr einflößt?

Es ist komisch: Vor der Träne, als ich in dem von den Ärzten so genannten Koma lag, beschäftigte ich mich trotz meiner Ängste und aller schmerzhaften Behandlungen in keinster Weise mit diesen einfachen, rein stofflichen und kreatürlichen Dingen des Lebens – als sei nur mein Geist aktiv.

Heute gehört mein Körper wieder mit dazu. Ich hatte vergessen, welche Last er sein kann.

15

Das Abc der Zärtlichkeit

Heute ist der 25. Juli: Aufwachen aus dem Koma.

27. Juli: Sie dreht den Kopf nach links und rechts.

3. August: Sie bewegt die Finger.

6. August: Sie verständigt sich mit Ja und Nein.

14. August: Sie sitzt in einem Sessel, steht mit einer Aufstehhilfe auf.

17. August: Sie bewegt die Hände, sitzt zwei Stunden im Sessel.

18. August: Sie bewegt die Handgelenke.

21. August: Sie bewegt die Finger und die Füße, zumindest ein bisschen.

23. August: Angèle ist sehr, sehr erschöpft.

25. August: Sie sieht alles doppelt.

26. August: Angèle will ein Buch über ihre Krankheit schreiben.

28. August: Sie sitzt zweimal zwei Stunden pro Tag im Sessel.

1. September: Angèle beginnt mit der Physiotherapeutin auf der Matte zu üben.

2. September: Die künstliche Sauerstoffzufuhr wird zurückgefahren.

28. September: Sie spricht immer noch nicht …

In einem kleinformatigen grünen Schulheft hält Ray all meine Fortschritte genau fest.

Es gibt so viele Siege, so viele Prüfungen, so viele Tränen und so viel Angst.

Die Zeit vergeht, und die Fragen häufen sich. Glücklicherweise bringt die Tatsache, dass man überlebt und weiterkämpft, einen großen Vorteil mit sich: Man lebt im Augenblick. Nicht einmal von einem Tag zum anderen, sondern Sekunde für Sekunde. An die Zukunft denkt man nicht. Alles hat seine Zeit: Wenn man darum kämpft, aus eigener Kraft zu atmen, beschäftigt man sich noch nicht mit dem Versuch zu gehen.

Dennoch lauert im Hintergrund, wenn auch unausgesprochen, stets die Angst. Sie wird zu einer vertrauten Begleiterin. Oft entdecke ich sie in den Blicken meiner Freunde. Trotz aller guten Vorsätze, mit denen sie sich wappnen, bevor sie dieses Zimmer betreten, spiegeln ihre Gesichter gegen ihren Willen getreu wider, wie es um mich steht.

Mein von Natur gegebener Optimismus gerät dann ins Wanken: Sollte mein Zustand wirklich so ernst sein? Es stimmt, der Tod ist zurückgewichen, aber was für ein Leben ist geblieben? Wie schwer wird die Bürde sein, die ich tragen muss? Was für eine Last werde ich für meine Angehörigen sein?

Die Angst hat sich ohne meine Erlaubnis hier im Zimmer eingenistet, aber ich zeige ihr die kalte Schulter. Ich habe tatsächlich nur eines im Sinn: Ich möchte diesen Ort in dem Zustand verlassen, in dem ich mich vor meiner Ankunft hier befand. Ich möchte nicht nur das Krankenhaus verlassen, sondern ich möchte so in meine Wohnung zurückkehren, wie ich sie verlassen habe: ohne Kabel, ohne Maschinen und ohne Rollstuhl. Ich möchte wieder eine ausgeglichene und glückliche Frau sein, die ein aktives und selbstbestimmtes Leben führt. Wie lange es bis dahin dauert, ist zweitrangig. Dieser so furchtbar einfache Gedanke wächst sich geradezu zur Besessenheit aus: Ich möchte wieder diejenige werden, die ich vor ein oder zwei Monaten war. Vor einer Ewigkeit …

Ich befinde mich in einem Zustand extremer Verletzlichkeit. Kann sich überhaupt jemand vorstellen, wie es ist, stundenlang regungslos daliegen zu müssen, ohne sich kratzen zu können? Wie es ist, dass der Kopf ständig abgestützt werden muss, damit er nicht zur Seite fällt? Eingemummt wie eine Larve. Vollkommen wehrlos.

Die Kommunikation ist lebenswichtig. Sie bricht die Isolation auf, in die mein leidvoller Zustand mich einschließen will. Jetzt, da ich einen Finger bewegen und die Augenlider schließen kann, setzen Ray, Cathy und ich alles daran, ein neues Verständigungssystem zu erlernen. Unser ganz eigenes Verständigungssystem.

»A, B, C, D …«

Ray sitzt neben meinem Bett und sagt mit seiner tiefen, einfühlsamen Stimme langsam das Alphabet auf. Er bleibt stets ruhig und bedacht. Seine Stimme tut mir so gut. Seine Stimme ist wie ein Anker für mich, sie schützt mich. Seine Stimme, das wird mir jetzt erst klar, gehört zu meinem Leben. Sie gehört zu mir …

Dieses seltsame Aufzählen der Buchstaben ruft erneut Erinnerungen an die Schulzeit in mir wach.

In regelmäßigen Abständen höre ich die Buchstaben, die Ray andächtig ausspricht. Das erinnert mich an die Glocken der Kathedrale. Oder an ein Wiegenlied, wobei ich allerdings gerade nicht einschlafen darf.

»H, I, J …«

Achtung, ich darf nicht untätig daliegen. Gleich kommt schon der nächste Buchstabe.

»K, L, M, … L?«

Ja, mein Liebster, genau. Jetzt kann er wieder von vorn anfangen.

»A, B, C, D …«

Dieses Mal muss mein kleiner Finger ihn bei I unterbrechen.

»J? Lj? Das kann doch nicht stimmen! Wir haben einen Fehler gemacht. Noch einmal von vorn …«

Immer wieder geht irgendetwas schief: Ich hebe den Finger zu früh, zu spät oder ganz unvermittelt, und schon hält Ray bei dem falschen Buchstaben inne. Ich merke, wie ich unwillkürlich innerlich zu zittern beginne. Ich hasse mich für diese Ungeduld – sie ist einer meiner Hauptfehler. Trotz meiner äußerlichen Reglosigkeit erkennt Ray genau, dass ich mich immer mehr aufrege und sich in mir panische Angst ausbreitet, mich nicht verständlich machen zu können. Er weiß genau, dass ich innerlich schmolle, wenn ich sehe, wie er etwas länger nachdenkt, um anhand meiner Zeichen die richtigen Worte zusammenzusetzen. Allerdings ist er klug genug, um rasch zu merken, wenn er auf dem Holzweg ist.

Und anders als ich regt Ray sich nie auf.

»Das macht nichts. Beruhig dich, mein Liebling. Alles ist gut, wir haben viel Zeit …«

Ja, Zeit habe ich in der Tat reichlich. Es ist ungefähr das Einzige, was ich habe! Es stört mich nicht, dass wir Stunden damit verbringen, das Alphabet aufzusagen, ganz im Gegenteil. Es beschäftigt mich und stellt vor allem einen gewissen

Austausch zwischen mir und meiner Familie dar. Außerdem bleibt Ray auf diese Weise an meiner Seite. Je mehr Zeit er bei mir verbringt, desto besser fühle ich mich. Aber wie schafft er es, seine Arbeit und die Besuche bei mir unter einen Hut zu bringen? Er hat doch einige Baustellen zu beaufsichtigen! Wir haben jetzt August, da ist es noch einigermaßen ruhig. Aber wie wird er alles regeln, wenn die Schule wieder beginnt und auf viel mehr Baustellen gearbeitet wird? Wann wird das Telefon wieder klingeln? Ich wäre ihm nicht böse, wenn er nicht mehr zweimal am Tag zu mir käme. Auch wenn ich mir nichts sehnlicher wünsche, als dass er bei mir ist.

Er verlangsamt seinen Rhythmus, als er zum J kommt.

»G, H, I … I, meinst du I? LI?«

Jetzt geht es voran. Jetzt muss ich ihm nur noch das V, das R und das E verständlich machen. Dann haben wir es geschafft: LIVRE, Buch.

Er wundert sich:

»Buch? Ein Buch? Wir haben versucht, eines zu finden, aber es gibt kein Buch über deine Krankheit, mein Liebling. Nirgendwo. Auch im Internet gibt es nur sehr wenig Informationen darüber …«

Nein, mein Liebster, ich meine etwas anderes, ich will …

Mit einer gehörigen Portion Geduld auf beiden Seiten habe ich mich am Ende doch verständlich gemacht. Und am Abend schreibt Ray in sein grünes Heft: »Angèle will ein Buch über ihre Krankheit schreiben.«

Genau darum geht es mir. Ich will nicht nur ein paar Notizen zusammentragen, um vielleicht einen Artikel in einer Zeitung zu veröffentlichen, sondern ich will ein Buch herausbringen. Ein richtiges Buch, das im Buchhandel verkauft wird.

Eine verrückte Idee? Vielleicht. Ein Hirngespinst? Vermutlich. Eine unpassende Vorstellung? Man könnte annehmen, dass ich in meinem Zustand dringlichere, wichtigere Dinge im Kopf haben sollte als das noch ferne Verfassen des Buches über meine gegenwärtigen Erlebnisse. Aber das lässt sich nicht so einfach steuern: Es war mir ein dringendes Bedürfnis, meinem Mann und meiner Tochter dieses Projekt mitzuteilen. Als ein fernes, ganz und gar vages Ziel.

Ich bin erleichtert.

Einerseits ermutige ich Ray damit, das Tagebuch meiner Höllenfahrt und – wie ich hoffe oder vielmehr ganz fest glaube – meiner Rückkehr in das Paradies des ganz normalen Lebens fortzusetzen. Andererseits ist es für mich selbst Ansporn, ebenfalls ein – virtuelles – Tagebuch in einem Winkel meines Gehirns zu führen, wo ich alles festhalte.

Ich muss mich an alles erinnern. Werde ich dazu in der Lage sein? Ich muss es versuchen. Ich habe vor allem Angst davor, dass ich mich nicht mehr erinnern will. Ich muss gegen die Versuchung ankämpfen, alles vergessen zu wollen. Einige meiner Erfahrungen sind einfach zu schlimm! Zu unvorstellbar! Diese Geschichte muss niedergeschrieben werden. Sie übersteigt die normale menschliche Vorstellungskraft so sehr, dass man Zweifel an ihrer Wahrhaftigkeit anmelden könnte, wenn sie nicht schwarz auf weiß gedruckt wird. Wer wird mir später Glauben schenken? Ich selbst werde mich mit der Zeit vielleicht fragen, ob alles tatsächlich so abgelaufen ist …

Alles, was ich durchlebt habe, muss nicht nur aufgeschrieben, sondern auch verbreitet und veröffentlicht werden. Alles, was hinter mir liegt, und alles, was ich in den kommenden Monaten oder Jahren noch vor mir habe, denn es kommt sicher noch viel Unglaubliches auf mich zu, davon bin ich überzeugt!

»Livre, Buch« – das ist ein schönes Wort.

Bei meinem Buchstabieren mit Ray entdecke ich viele »gewöhnliche« Bezeichnungen ganz neu, über die ich früher nicht nachgedacht habe. Die vertrauten Worte gewinnen mit einem Mal andere, schärfere Konturen und füllen sich mit neuem Sinn.

So wie mir hier auf meinem Krankenbett die Buchstaben zurück ins Leben helfen, wird es später das Buch im Alltag tun.

Ja, ein Buch ist unbedingt notwendig für mich: In ihm werde ich einen guten Teil meiner Last ablegen und mich endgültig von ihr befreien können.

Unsere Sprachpraxis über »Augen- und Fingerzeig« wird jeden Tag besser. Außerdem lerne ich mit dieser Art von Gymnastik, meine Bewegungen besser zu koordinieren, während Ray und Cathy besser lernen, meine Wünsche zu deuten. Meine beiden Lieben ersparen sich und mir oft sehr viel Zeit, wenn sie mir ein ganzes Wort vorschlagen. Mache ich mich bei K bemerkbar, schlägt mir Ray sofort vor:

»Kopf?«

Dann bestätige ich erneut mit dem Finger. Es gilt: Eine einzige Bewegung bedeutet »ja«, zwei Bewegungen »nein«. Diese Absprache gilt auch für den Lidschlag, aber wir verwenden vor allem den Finger. Den linken kleinen Finger, um ganz genau zu sein. Dieser Finger war es auch, der sich bewegt hat, als die erste Träne floss. Keiner weiß warum, aber die linke Seite scheint sich schneller zu erholen als die rechte. Ich bin Rechtshänderin, aber das spielt vermutlich keine Rolle.

»Kopf« bedeutet nichts Besonderes: Es reicht schon, den Kopf anzuheben und das Kissen zu wenden. Das verschafft mir eine ungeheure Erleichterung. Aber leider nur vorübergehend ... Bisher war mir nicht klar, dass die Reglosigkeit die unbequemste Lage von allen ist! Seit ich in diesem Krankenhaus aufgewacht bin, bin ich nur ein Gegenstand. Allerdings ein Gegenstand, der denkt und leidet. Eine hölzerne Puppe, die wie Pinocchio davon träumt, dass sie sich frei bewegen kann.

Und wie Pinocchio, dem weder eine gute Fee noch ein Holzschnitzer zu Hilfe eilen, kann ich meinen Kopf nicht alleine halten. Vergisst die Pflegerin dies beim Aufrichten oder Umbetten, fällt er schwer nach vorn oder zur Seite. Es ist idiotisch, aber als die Pflegerin mir zum ersten Mal aufhilft, versuche ich dabei, endlich einmal wieder einen Blick auf meine Arme zu werfen. Ich weiß zwar genau, dass ich zumindest eine Hand habe, da mein Finger ja »spricht«, dennoch beschleicht mich immer wieder die Befürchtung, ich könnte meine Körperextremitäten verloren haben und einem Baumstamm ohne Äste gleichen. Es gibt Umstände, von denen man sich gerne überzeugen möchte, auch wenn sie eigentlich klar sind ...

Ray, Cathy und ich verbringen Stunden damit, auf unsere Weise miteinander zu »sprechen«.

Wir haben alle drei das große Bedürfnis, uns auszutauschen. Wir sind so glücklich darüber, dass wir uns jetzt wieder »hören« können. Lieben heißt auch, miteinander zu sprechen.

Vor ihren jeweiligen Besuchen denke ich darüber nach, wie ich mit möglichst wenigen und kurzen Worten zum Ausdruck bringen kann, was ich ihnen mitteilen möchte.

Bevor Ray das Krankenhaus wieder verlässt, übermittelt er dem Pflegepersonal meine Wünsche.

»Denken Sie bitte daran, den Fernseher auszuschalten: Angèle kann den Lärm nicht gut ertragen ...«

Eine Krankenschwester wundert sich:

»Woher wissen Sie das denn?«

»Sie hat es mir gesagt.«

»Aber Ihre Frau kann doch gar nicht sprechen!«

»Das heißt aber nicht, dass wir uns nicht verständigen können.«

Wenn Ray und Cathy das können, warum kann es dann das Pflegepersonal nicht? Es ist immer das Gleiche: Alles ist eine Frage der Zeit, der Bereitschaft und der Liebe. Ich hege keinerlei Groll gegenüber dem medizinischen Personal. Denn was diese drei Kriterien angeht, so kann es natürlich niemand mit meiner Tochter und meinem Mann aufnehmen.

16

Bicker – was?

Bickerstaff. Bick-er-staff. Das könnte beinahe ein elsässischer Name sein! Mittlerweile habe ich mich an die Bezeichnung gewöhnt. Und Ray ebenso. Das war auch notwendig, um auf die unausweichliche Frage zu antworten, die all unsere Freunde ihm stellen, wenn sie ihm begegnen:

»Was hat Angèle denn eigentlich?«

»Das Bickerstaff-Syndrom.«

»Bicker – was?«

Es ist wichtig, die Krankheit zu benennen, auch wenn der Name allein im Grunde nicht sonderlich viel aussagt. Die Spezialisten haben lange gebraucht, um sich auf diese Diagnose festzulegen. Anfangs tappten sie schlicht im Dunkeln. Tagelang stand der Verdacht einer Meningitis im Raum. Dann schränkten sie die Hypothesen auf drei Syndrome ein, die allesamt das zentrale Nervensystem angreifen und derselben Familie angehören: das Guillain-Barré-Syndrom, das Miller-Fischer-Syndrom und das Bickerstaff-Syndrom. Letzteres machten die Spezialisten am Ende als den »Schuldigen« aus.

Ray und Cathy haben sofort versucht, sich über die Krankheit zu informieren. Im Internet findet sich allerdings nur wenig über Bickerstaff: »Autoimmunerkrankung des zentralen Nervensystems«, erklärt Wikipedia auf lakonische Weise. Noch viel technokratischer und daher weniger verständlich für Leute wie mich sprechen die Spezialisten von »Bickerstaff als einer ernsten senso-motorischen demyelinisierenden Polyneuropathie«.

Von den drei genannten Syndromen zeigt Bickerstaff die schlimmste Ausprägung. Soweit ich die Erklärungen verstehe, die mir die Ärzte geben, rührt das Problem vom Myelin her. Diese weiße Substanz schützt die Nervenfasern wie eine Kunststoffhülle die elektrischen Kabel. Es gibt nur folgende Besonderheit: Das Myelin ist unabdingbar für die Übermittlung von Informationen. Beim Bickerstaff-Syndrom ist die Myelinschicht nun beschädigt oder gar durchtrennt worden, und zwar im Hirnstamm, dem strategischen Ort des gesamten Nervensystems: Durch den Hirnstamm laufen alle Faserbahnen, die sensorische Informationen in andere Hirnzentren und motorische Befehle in alle Körperregionen senden. Kommt es zur geringsten Fehlmeldung, so sind gravierende Ausfälle oder Schäden zu verzeichnen. Der ganze Organismus funktioniert nicht mehr.

Aber wie entsteht diese Schädigung der Myelinschicht? Sie könnte die unverhältnismäßige Antwort meines Immunsystems auf eine einfache Infektion der Atemwege gewesen sein. Mein Körper glaubte, weitaus mehr als nur diese banale Erkältung abwehren zu müssen, so bildete er Antikörper, die irrtümlicherweise das körpereigene Nervengewebe, also auch das Myelin, bekämpften.

Wie konnte es zu dieser letztlich selbstmörderischen Aktion meines Körpers gegen sich selbst kommen? Wie kann man einen so furchtbaren »Kollateralschaden« erklären? Darauf weiß ich keine Antwort ... und bin damit nicht die Einzige.

Anders als beim Locked-in-Syndrom sind die Nervenfasern selbst glücklicherweise nicht beschädigt. Das ist eine wunderbare Neuigkeit, denn die Nerven selbst können sich nicht auf natürliche Weise regenerieren, während die sie verbindende Hülle dazu in der Lage ist. Das bedeutet, dass meine Ausfallerscheinungen reversibel sind: Genau so, wie die Störungen aufgetreten sind, können sie auch wieder verschwinden.

Aber in welchem Maß und innerhalb welcher Zeitspanne? Auch hier herrscht eher Unwissen als Wissen. Die Ärzte sind nicht in der Lage, mir zu sagen, welche Funktionen ich wiedererlangen kann und welche nicht. Ebenso wenig erhalte ich Auskunft darüber, was meine Genesung beschleunigen könnte. Mit Chirurgie ist hier nichts zu machen: Man kann meinen Körper nicht aufschneiden, die Hülle um die Fasern erneuern und dann wieder zunähen. Wir müssen einfach abwarten und hoffen. Ich habe schon riesige Fortschritte gemacht, und es gibt keinen Grund anzunehmen, dass es damit auf einmal vorbei sein sollte. Wir müssen ganz einfach Vertrauen in die Natur haben. Das ist die Maxime, die ich mir wieder und immer wieder vorsagen muss: Vertrauen haben, an die Zukunft glauben ...

17

Wo ist das Bällchen?

Auf Anraten von Dennis, einem Physiotherapeuten, hat Ray in einem Sportgeschäft zwei Bälle aus Kautschuk gekauft. Einen kleinen und einen etwas dickeren. Jetzt legt er mir einen auf jeden Handteller.

»Spürst du das?«

Ich bestätige mit den Augen.

»Damit verhindern wir, dass die Hände einschlafen. Wir machen kleine Rehabilitationsübungen ... Zuerst versuchst du, die Bälle zusammenzudrücken. Und später, sehr viel später, wirst du versuchen, sie über deine Schenkel zu rollen. Siehst du, genau so ...«

Er rollt einen Ball an der Außenseite meines Beines nach oben.

»Erst rollst du ihn bis nach oben, und dann schiebst du ihn wieder hinunter. Nach oben und wieder nach unten.«

Verstanden? Ja, ich habe verstanden. Nach oben und wieder nach unten. Es ist ganz einfach, oder etwa nicht? Nein, es ist unmöglich!

Schon diese Bälle zu spüren, tut so gut. Es erinnert mich daran, dass ich Hände habe und dass diese mit meinem übrigen Körper verbunden sind. Dieses Bewusstwerden empfinde ich immer wieder als Erleichterung. Aber wenn es darum geht, sie zu bewegen ... Es ist schon eine Heidenarbeit, die Bälle zusammenzudrücken, aber sie dann auch noch über die Oberschenkel zu führen! Mein Arm scheint eine Tonne zu wiegen. Ein regloser Körper wiegt schrecklich schwer! Es ist wie bei einem Auto: Es lässt sich so leicht steuern. Alles scheint so leicht zu sein, wenn nur der Motor läuft; gibt dieser eines Tages seinen Geist auf, bleibt nichts weiter übrig als ein Haufen Schrott.

Ein Ball entgleitet mir. Ich warte darauf, dass eine Pflegerin es bemerkt und ihn mir zurückgibt. Wie ein Hund spiele ich mit meinem Bällchen. Allerdings ist es für mich eigentlich kein Spiel. Ganz und gar nicht. Es kostet mich eine beinahe übermenschliche Anstrengung, den Ball gegen meinen Schenkel zu drücken und Millimeter für Millimeter nach oben zu bewegen – als würde ich ihn auf den Mount Everest führen, dessen Gipfel sich allerdings nur etwa zehn Zentimeter über der Bettdecke befindet.

Zumindest habe ich damit eine Beschäftigung. Eine solche Herausforderung entspricht durchaus meinem Sportsgeist. Meine Gedanken schweifen zu dem Lauf »Zehn Kilometer durch Strasbourg« ab oder auch zu den ausgedehnten Bergwanderungen, auf denen man bisweilen an einen Punkt kommt, an dem die Muskeln hart werden und der Körper nicht mehr weiterwill, an dem man aber dennoch weitergehen muss ... All das prägt mein Denken. Ich darf mich nicht in den Schmerz fallen lassen. Ich muss meinem Leid mit Geduld und Beharrlichkeit begegnen, das ist alles. Ich muss im gleichen Rhythmus weitermachen und abwarten, dass alles vorübergeht. Irgendwann wird ganz sicher hinter der letzten Kurve die Ziellinie oder eine Schutzhütte auftauchen.

Während ich darum kämpfe, meinen Arm etwas anzuheben und den Ball nicht loszulassen, spüre ich, wie eine zähe Flüssigkeit aus meinem geöffneten Mund tropft: Speichel, Schleim – ich weiß es nicht. Ich kann nicht mehr schlucken. Sie läuft über mein Kinn, hängt dann bis auf meine Brust hinunter und bildet dort ein schleimiges Netz, das mir jede Würde raubt. Nicht wie ein Mensch, nein, wie ein Tier komme ich mir vor. Um es klar zu sagen, ich sabbere. Und ich sabbere mein Nachthemd so voll, dass es manchmal vollkommen durchnässt ist, bevor es eine Krankenschwester Stunden später bemerkt, mich abwischt und meinen Kopf wieder zurechtrückt. Meine Angehörigen gehen sehr liebevoll mit solchen Missständen um. Sie finden diesen Anblick vermutlich genauso entwürdigend wie ich selbst. Die Pflegerinnen jedoch legen mir nur eilig eine unangenehm raue Papierserviette um den Mund. Sie müssen so viele wichtige Dinge im Auge behalten. Schließlich müssen die lebenswichtigen Parameter beobachtet werden, die die Geräte liefern. Und bei mir geht es nur um ein bisschen Speichel, das ist ja nichts Ernstes! Außerdem ist es sogar gut, wenn ich den Speichel absondere. Und warum sich noch mehr Mühe machen? Wenn man ihn abwischt, fließt in ein paar Sekunden ohnehin wieder etwas nach …

Ich konzentriere mich und beiße die Zähne zusammen. Ein paar Tage später gelingt es mir sehr viel besser, die Bälle zu führen. Das ist gut, ich mache Fortschritte. Aber mit welchem Aufwand! Hätte ich mich früher beim Sport auf ähnliche Weise verausgabt, hätte ich all meine Wettkämpfe gewonnen!

Ich versuche auch, meinen Arm so zu verschieben, dass ich die erste Sprosse an der Bettseite berühren kann. Sie scheint Kilometer entfernt zu sein.

Am schwersten ist es, die Hände unter den Decken hervorzuziehen. Und dann kommt eine energische Frau des Weges, die offenbar zu scherzen glaubt, wenn sie ausruft:

»So, jetzt werden wir die Bettdecke ordentlich einschlagen!«

Nur ein paar Handgriffe später liege ich verschnürt wie in einem Sack da, nur mein Kopf schaut noch oben heraus … Es ist einfach unglaublich, wie schwer eine Decke sein kann! Sie schmerzt richtiggehend!

Glücklicherweise erscheint Ray in diesem Augenblick.

Dieses Mal »spreche« ich mit meinen Augen.

»A, B, C, D?«

Genau mein Liebster, D. Dann kommt ein E, und dann ein C …

»Decke?«

Und schon befreit mein Mann mich. Wie immer.

18

Eine Maschine

An mein Intensivbett gefesselt sehe ich mich inmitten einer Ansammlung technologischer Wunderdinge, die alle möglichen Medizintechniker sich im Lauf der Zeit ausgedacht haben. Eine High-Tech-Konstruktion, bei der stets eine Fehlsteuerung zu befürchten ist. Die Maschinen sind ein Teil meiner Anatomie. Sie sind gewissermaßen externe Organe.

Ich hatte Zeit genug zu zählen, und Ray ließ sich gern darauf ein: Nicht weniger als 13 Kabel, Sonden und Schläuche sind mit meinem Körper verbunden. Was würde geschehen, wenn ein Arzt einen Kontakt ausstöpselte? Oder wenn ein Angestellter der Reinigungsfirma ein Kabel mit seinem Besen herausrisse? Würde ich einen Systemabsturz überleben? Was zöge der Fehler eines Arztes oder einer Pflegerin nach sich?

Ich muss gestehen, dass ich mir in der Vergangenheit nicht bewusst war, was für ein Glück es ist, von niemandem abhängig zu sein. Wenn man blindes Vertrauen in seine Lungen, sein Herz, seine Beine und sein Gehirn haben kann.

Der wichtigste Schlauch verläuft direkt durch das Loch des Luftröhrenschnittes in meinen Hals. Anfangs wurde ich noch intubiert, die Röhre also durch den Mund eingeführt. Der Luftröhrenschnitt wurde gemacht, kurz bevor ich aufwachte. Über diesen Schlauch atme ich, denn er ist an jenes sagenhafte Gerät angeschlossen, das ich in den ersten Stunden nach meinem Aufwachen für einen lebendigen Gefährten hielt … »Der ›Rolls Royce‹ unter den Beatmungsgeräten«, wie ein Arzt versicherte. Das mag vielleicht beruhigend klingen, ändert aber nichts an dem Unbehagen, das dieser Schlauch in mir weckt, denn er kommt mir maßlos dick vor. In Wirklichkeit hat er nur einen Durchmesser von einem oder höchstens zwei Zentimetern, aber es fühlt sich an, als wäre er fünfmal so dick. Außerdem wird dieser Schlauch von Klebestreifen an Ort und Stelle gehalten, die meinen Hals einzwängen. Vielleicht ist meine Haut ja besonders empfindlich, aber alles hier zerrt an mir und kratzt mich … und vermittelt mir das unangenehme Gefühl, ein an die Leine geketteter Hund zu sein.

Kleinere Schläuche führen in meine Nasenlöcher hinein. Durch sie wird die Sauerstoffzufuhr gegebenenfalls unterstützt – je nachdem, welche Daten das Pulsoxymeter ausspuckt, jene Klemme, die einen meiner Finger einquetscht.

Dann ist da noch dieser durchsichtige Schlauch, der mitten in meinem Bauch steckt: die sogenannte Gastrostomie. Über diesen Zugang werden Nahrung und Medikamente direkt dem Magen zugeführt. Es geht also um die Ernährung, aber Gastrostomie hat nichts mit Gastronomie zu tun. Meine »Mahlzeiten« bestehen aus einer bräunlichen Substanz, einem Brei, dessen Geschmack und Geruch nicht zu meinen Sinnesorganen dringt, denn »serviert« wird mit einer Spritze. Zwei oder drei Dosen pro Tag enthalten ausreichend Kalorien. Die Tabletten, die ich »nehmen« muss, werden zerstoßen und mit Wasser vermischt, bevor auch sie durch diesen Schlauch geleitet werden. Ich hatte mich lange gefragt, was hinter diesem regelmäßig auftretenden stampfenden, knirschenden Geräusch hinter mir wohl steckt …

Vergessen darf ich auch nicht die Urinsonde, die in meinen Venen steckenden Infusionen und die vielen selbstklebenden Chips, die überall an meinem Rumpf haften und den Spezialisten jede nur mögliche Auskunft über meine Verfassung liefern.

»Jede nur mögliche« heißt jedoch keineswegs »alle«, wie sie, die Ärzte, vielleicht glauben. Denn ich, Angèle, die ich diesen Zugriffen wehrlos ausgeliefert bin wie ein Motor den Händen eines Automechanikers, bin durchaus fähig, manche Geheimnisse für mich zu bewahren. Sie werden niemals alles von mir wissen. Sie werden immer nur einen unzulänglichen Teil dessen sehen, was ich bin. Das Wesentliche ist nur für diejenigen sichtbar, die ich über alles liebe: Ray, Cathy und meine beiden Enkelinnen, die bisher aus Rücksicht noch nicht hier in »meinem« Zimmer waren. Wozu auch? Sie würden nicht ihre Oma sehen, sondern eine Maschine vorfinden.

Neben meinem Bett, meistens hinter meinem Rücken, zeichnet ein Bildschirm unentwegt Zahlen und Kurven auf.

In regelmäßigen Abständen werden Alarmtöne ausgelöst. Das ist immer dann der Fall, wenn ein Infusionsbeutel leer ist. Für mich klingt nichts stumpfsinniger und hoffnungsloser als dieses das Gehirn marternde »Bip-Bip«.

Aber je mehr ich ins Leben zurückkehre, desto häufiger stelle ich auch fest, dass mein Zimmer nicht oder jedenfalls nicht mehr dasjenige ist, das in den Augen des Pflegepersonals den größten Gefahrenherd darstellt. In den umliegenden Zimmern scheint es wirklich ernst zu sein – das lassen die Alarmzeichen von dort vermuten, die ebenfalls auf meinem Bildschirm erscheinen. Ich möchte eigentlich nichts davon wissen, aber wenn es plötzlich hektisch und laut wird, die Krankenschwestern eilig von meinem Bett fortlaufen und eine konzentrierte Ernsthaftigkeit herrscht, begreife ich sofort, dass das Leben eines meiner Schicksalsgenossen am seidenen Faden hängt.

19

Folterstuhl

Sie sitzt in einem Sessel, steht mit einer Aufstehhilfe auf.« Diese von Ray am 14. August in das grüne Heft eingetragene Information mag nichtig erscheinen, aber es handelt sich um ein beachtliches Ereignis. Es sagt sich so leicht: Gerade einmal zehn Worte, zwei kurze Satzteile. Aber was für ein Abenteuer! Was für eine Expedition!

Bis zu diesem Tag hatte ich mein Bett nicht für eine einzige Sekunde verlassen. Das Personal beschränkte sich darauf, in regelmäßigen Abständen meine Liegeposition zu verändern: Während des Waschens geschieht das ohnehin für ein paar Minuten, aber darüber hinaus betten mich die Pflegerinnen alle paar Stunden um, damit ich mich nicht wund liege.

An diesem Tag jedoch nehmen wir eine Etappe in Angriff, die der Fahrt auf den Col du Tourmalet bei der Tour de France würdig wäre: Endlich werde ich mein Bett verlassen. Für dieses Vorhaben muss die Krankenschwester mit drei Pflegehelferinnen anrücken. Dazu kommt ein weiteres Gerät: die Aufstehhilfe. Der Apparat erinnert an einen großen Arm mit Untergliedern, beinahe sogar an eine Art Kranvorsatz. Ich dachte, dass man mich einfach nur aus dem Bett heben würde, aber nein: Man bringt eine elektrische Tragewinde herbei – wie bei einem Frachtstück, das verladen wird. Sollte ich dicker geworden sein? Ich muss zugeben, dass mich das ärgern würde. Wenn man schon dicker wird, dann wenigstens durch genüssliche Schlemmereien im Restaurant und nicht durch einen Brei, den man über eine Infusion verabreicht bekommt …

Aber nein, ich bin nicht im Begriff, fettleibig zu werden. Vielmehr habe ich abgenommen: In wenigen Tagen habe ich zehn Kilo an Gewicht verloren. Das Problem besteht darin, dass ich ein lebloses Gewicht bin, ein Haufen von Knochen.

Ich bedauere die Personen, die damit beschäftigt sind, mich zu tragen und zu stützen. Sie müssen mich schieben, wenden, hochheben. Dann werden Gurte und Lederriemen auf dem Laken ausgebreitet, die ich am Rücken als eiskalt empfinde, als man mich darauflegt, denn ich trage immer noch das übliche, hinten offene Krankenhaushemdchen. Die Frauen müssen gut darauf achten, keines der Kabel herauszureißen, die mich immerzu analysieren und mir beim Leben helfen: die am Herzen fixierten Elektroden, die Urinsonde, die sie mir jetzt auf den Bauch legen, die Schläuche des Luftröhrenschnittes und der Gastrostomie. Als alles gut befestigt ist, wird das Signal zum Beginn der Aktion gegeben, und ich werde endlich in die Höhe gehoben. Stellen Sie sich eine Marionette an ihren Fäden vor: Ihre Knie knicken ein und sacken vor die Brust, ihr Kopf und ihre Arme baumeln herunter. So wie dieser Marionette ergeht es jetzt mir. Angst packt mich, ich habe das Gefühl, vor Kälte zu zittern, und ich kann es nicht verhindern, dass mein Herz bis zum Zerspringen klopft …

Es ist ein komplexes und mühsames Manöver, diese wenigen Zentimeter zu überwinden, die zwischen Bett und Sessel liegen. Ich schaukle in den Fängen meines Krans vorwärts und lande endlich auf meinem Sitz … Geschafft. Meine Helferinnen schnaufen, wischen sich den Schweiß von der Stirn und überprüfen dann, ob alle Kontakte noch bestehen: Alles in Ordnung, alle Geräte arbeiten wie zuvor. Eine Frau stützt meinen Kopf und meine Arme mit Kissen ab und lächelt mich überschwänglich an, um mir zu bedeuten, dass ich mich doch jetzt einfach großartig fühlen *muss* und es mir gar nicht besser gehen *kann*.

Eine andere Frau spricht mich laut und deutlich an, wobei sie jedes einzelne Wort übermäßig betont, wie man es bei kranken oder alten Menschen oft tut:

»Wir lassen Sie jetzt ein wenig in diesem Sessel sitzen, damit Sie sich wieder daran gewöhnen. Das müssen Sie nämlich. Es ist nur zu Ihrem Besten!«

Das stimmt zweifelsohne. Meine »Verlademannschaft« ist schon verschwunden. Aber was heißt denn »ein wenig«? Mir bleibt nichts anderes übrig als abzuwarten – wie gewöhnlich. Wichtig ist jetzt vor allem, dass ich meine Gefühle wieder in den Griff bekomme, dass Herz und Geist sich beruhigen. Im Fernseher geht es gerade hoch her, aber ich sehe nichts. Meine Augen bleiben an einem auf dem Tisch stehenden Fläschchen hängen. Einmal mehr führt es mir ganz plastisch vor Augen, dass auch ich nur in der Lage bin, etwas über mich ergehen zu lassen: Wie ein Gegenstand bleibe ich genau da, wo man mich abstellt.

Anfangs ist die Position in dem Sessel gar nicht unbequem. So habe ich wenigstens einmal eine andere Aussicht. Ich empfinde sozusagen einen Hauch von »Erhabenheit« im Vergleich zum bloßen Daliegen. Ich bin keineswegs verärgert darüber, dass ich meine Liegeposition aufgeben musste. Mit dem Aufrichten verändert sich auch mein Status: Ich bin nicht mehr nur eine Kranke, ich werde langsam wieder zu einer Frau.

Würde man all diese Schläuche und Kabel entfernen, mich normal kleiden und dann auch noch von dem aseptischen Krankenhauszimmer abstrahieren, würde ich dann vielleicht wieder ganz »normal« aussehen? So normal wie die Frau, die ich zu Beginn des Sommers war, als ich mich im Wohnzimmer in einen Sessel setzte, um eine Zeitschrift zu lesen? Nein, ich will den Leuten nichts vormachen … und ich will auch mir nichts vormachen. So einfach ist es leider nicht. Der Sessel allein macht nicht gesund. Es müssen noch eimerweise Schweiß und Tränen fließen, bevor ich wieder die bin, die ich einmal war.

Zugegeben, sie haben sich ganz schön Mühe mit mir gemacht – ich bin rundum »in Watte gepackt«: mein Kopf, meine Brust, meine Arme sind gut mit Polstern geschützt. Das Problem ist nur, dass ich das wichtigste aller »Polster« weitgehend eingebüßt habe: meinen Hintern. Wie eine Bauernregel so schön sagt: Jedes Wetter ist schlechtes Wetter, wenn es zu lange dauert. Dieser Spruch lässt sich sehr gut auf andere Bereiche übertragen: Jede Haltung ist eine schlechte Haltung, wenn sie zu lange dauert. Ich stelle einmal mehr fest: Die Unbeweglichkeit ist eine Folter, die ihre Wirkung langsam entfaltet. Schon bald – nach nicht einmal fünf Minuten – macht sich unten an der Wirbelsäule ein Schmerz bemerkbar. Er nistet sich dort ein und breitet sich aus.

Man hat mich schlicht und einfach vergessen. Ab und zu schaut ein Kopf zur Tür herein und wirft mir ein rasches »Alles in Ordnung?« zu, ohne die Antwort abzuwarten, die ich ohnehin nicht zu geben vermag, und ist schon wieder weg.

Wie lange mag diese erste Sitzung gedauert haben?

Endlich rückt ein Trupp an, um mich aus dem Sessel herauszuziehen, an dem Gewinde zu befestigen und zurück ins

Bett zu verfrachten. Was für eine Wohltat ist es, nun wieder in dieses Bett zu gelangen, das ich heute Morgen noch als mein Gefängnis betrachtete!

Bevor die Krankenschwester mich verlässt, verkündet sie mir noch lächelnd:

»Von jetzt an werden wir Sie immer häufiger in den Sessel setzen.«

Über diesen Fortschritt soll ich mich vermutlich freuen. Wahrscheinlich soll ich auch meinen Mut und meine Entschlossenheit unter Beweis stellen, denn das Personal wiederholt unentwegt, dass alles nur zu meinem Besten geschehe. Aber die Aussicht auf eine regelmäßige Wiederholung dieser akrobatischen Freiübung und das quälende, stocksteife Sitzen lässt mich unbehaglich frösteln.

Ab dem 27. August finden diese »Sitzungen« täglich statt, und zwar üblicherweise zweimal zwei Stunden pro Tag. Zwei schrecklich lange Stunden. Zwei Stunden, während derer ich mich zunehmend schlecht fühle. Gegen meinen Willen beginne ich zu zittern, sobald ich höre, wie auf dem Flur die Hebevorrichtung herangerollt wird. Manchmal treibt die Angst meinen Herzschlag so an, dass der Trupp der Pfleger unverrichteter Dinge wieder abzieht. Bleibt mein Herz einigermaßen ruhig, werde ich wieder zu jener an ihren Fäden hängenden Marionette, die man hin- und herverfrachtet.

Stets werde ich sorgfältig rundum mit Kissen ausstaffiert, stets gibt mir jemand meine Bällchen für die Druckübungen, stets schiebt mir eine Pflegerin ein Holzbrett mit einer Klingel unter die Hände – aber dann lassen sie mich allein im Kampf mit einem Körper, der das Kunststück fertigbringt, mich trotz seiner vollkommenen Reglosigkeit zu peinigen.

Das Problem besteht darin, dass die Aufstehhilfe die Marionette, die ich abgebe, nicht richtig hinten auf der Sitzfläche des Sessels platziert. Die Wirbelsäule muss nur ganz leicht gekrümmt sein, und schon entsteht ein Schmerzpunkt, der sich allmählich intensiviert und dann immer weiter ausstrahlt … Oft geschieht es trotz aller Vorkehrungen auch, dass mein Kopf am Ende doch nach vorn fällt, und dadurch sinkt mein Oberkörper unaufhaltsam zur Seite und wird gegen eine Armlehne gepresst. Dann gerät die Hüfte auf der anderen Seite in Schräglage, und die Kissen rutschen herunter. Ein brennender, reißender Schmerz erfasst meinen ganzen Körper …

Meine missliche Lage verschlimmert sich so sehr, sodass ich um mein Leben fürchte. Tatsächlich habe ich das Gefühl, dass ich auf diese dumme Weise ums Leben kommen könnte. Soll so etwa meine letzte Stunde aussehen? Bin ich dem Tod gerade noch einmal entronnen, um jetzt den Widrigkeiten eines dämlichen Sessels zu erliegen? In der Zwickmühle zwischen zwei reglosen Massen – dem Sessel und meinem Körper – flehe ich einfach nur noch um Gnade.

Ich versinke in meinem Schmerz, werde blass vor Pein. Dann weine ich. Gegen meinen Willen. Ich weine, wie ich ewig nicht mehr geweint habe. Ich weine so, als würden sich endlich alle Tränen Bahn brechen, die sich seit den Nasenspülungen und dem »Brustwarzentest« aufgestaut haben. Es ist für mich die einzige Art und Weise, meinen Schmerz auszudrücken.

Ich weine, bis ich mich schließlich niedergeschlagen entscheide, mit der wenigen Kraft, die mir noch in meinen schwachen Händen geblieben ist, auf das Holzbrett zu drücken.

Das Personal begreift nicht wirklich, was mit mir los ist. Ich glaube, die Pflegerinnen halten meine Tränen für den Ausdruck einer Depression, weil ich einfach genug habe von allem, vom Krankenhaus im Allgemeinen – nicht nur von diesem Sessel hier. Entweder versuchen sie dann, meine Sitzhaltung noch einmal zu korrigieren, oder sie belassen es bei einer sanft vorwurfsvollen Ermahnung:

»Aber nicht doch, Sie müssen noch eine Stunde aushalten! Ein wenig Geduld, bitte!«

Oder aber ein Intensivpfleger stellt sicher, dass alle Kissen noch an Ort und Stelle sind, und kommt gutmütig zu dem Schluss:

»Aber nein, alles ist in Ordnung, Sie sitzen ganz wunderbar!«

Im Grunde hat er ja recht: Worüber sollte ich mich beklagen? Es geht hier schließlich nur um einen Sessel und doch nicht um ein Folterinstrument! Vielleicht sollte ich endlich zu dem Schluss kommen, dass dieser Schmerz eine ganz normale Empfindung ist.

»Weinen Sie ruhig, weinen Sie!«

Diese Worte spricht ein Pastor. Ich glaube, er stammt aus Deutschland, denn sein Vorname ist Wolfgang. Er verbringt viel Zeit bei mir, wenn ich in dem Sessel sitze. Er nimmt mir gegenüber Platz und hält meine Hände. Er spricht mir Mut zu, sagt, ich solle meinen Tränen ruhig freien Lauf lassen. Er ist der einzige Geistliche, der mich besucht. Obwohl er ein Fremder ist und ich ihn nicht kenne, schätze ich seine Gegenwart sehr. Er lindert meine Schmerzen zwar nicht, aber ich werde ein wenig ruhiger, wenn er da ist.

Dann ist wieder Ray bei mir. Er versucht, mich weiter nach hinten zu setzen. Er schaut verschmitzt drein, als er sich den folgenden Kommentar nicht verkneifen kann:

»Du bist vielleicht schwer! Furchtbar schwer!«

Dennis, der Physiotherapeut, hat ihm den Rat gegeben, mich so hinzusetzen, weil er selbst einmal in dieser Verfassung war und genau weiß, was ich hier auszuhalten habe.

»Aufrecht wie ein Kirchturm muss Angèle sitzen!«

Die Wirbelsäule muss kerzengerade aufgerichtet sein. Das Gesäß muss auf der Sitzfläche ganz nach hinten gerückt werden, und Rumpf und Oberschenkel müssen einen rechten Winkel bilden. So quält mich mein Körper nicht mehr – zumindest beklagt er sich weitaus weniger als zuvor. Es ist nur ein kleiner Unterschied, aber ein paar Zentimeter reichen aus, um aus der Marter endlich eine heilgymnastische Übung zu machen.

Im Laufe der folgenden Wochen nehmen die Schmerzen ab. Das Sitzen wird zu einer erträglichen Haltung. Und schon befinden die Ärzte, dass ich mich im wahrsten Sinne des Wortes einer neuen Aufgabe »stellen« muss – der Vertikalisierung.

20

Das Bügelbrett

Die Frauen bei mir im Zimmer lächeln:
»Sie sind ja ganz schön groß, Madame Lieby!«

Hatten sie das bisher noch nicht bemerkt? Ich messe 1,73 Meter ohne Schuhe! Natürlich kann man sein Gardemaß nicht ins rechte Licht rücken, wenn man im Krankenhaus ans Bett gefesselt ist.

Beim dritten oder vierten Versuch dieser »Vertikalisierung« wage ich einen kleinen Schlenker zur Seite. Da müssen die mir assistierenden Krankenschwestern und Pflegehelferinnen herzlich lachen:

»Möchten Sie etwa ein Tänzchen einlegen? Sollen wir Musik anschalten? Aber Vorsicht, ein Rock'n'Roll kann ganz schön gefährlich sein!«

Auch ich lache jetzt, selbst wenn mein Gesicht immer noch kaum Regungen zeigt.

Und wenn meine Augen jetzt feucht sind, so handelt es sich dieses Mal um Freudentränen.

Es ist einfach eine herrliche Körperhaltung, der aufrechte Stand! Ich liege nicht, ich sitze nicht, sondern ich stehe tatsächlich, und zwar auf meinen eigenen beiden Füßen. Es macht ja im Grunde das menschliche Wesen aus, sich zu erheben. Der aufrechte Gang unterscheidet es von den Tieren. Ich begreife jetzt, warum unsere Vorfahren, die Affen, vor Millionen von Jahren beschlossen haben, sich aufzurichten. Und ich begreife auch, warum sie so lange dazu brauchten! Aufrechtstehen ist das Höchste! Auch, wenn sich jetzt in meinem Kopf alles ein wenig dreht ... Aber ein kleiner Schwindel ab und zu, was macht das schon?

Hinzu kommt, dass das für diese Aktion erforderliche Gerät mir keine Schmerzen verursacht. Denn ich muss zugeben, dass ich diese Glanzleistung nicht allein vollbringe: Ich stehe auf meinen beiden Füßen, aber ich bin überall festgebunden! Die Ausrüstung für diese tollkühne Nummer mag an einen Extremsportler erinnern, aber ich empfinde einfach nur sehr eindrücklich, dass ich mich erhebe ... Mir reicht es, um mich in einen angenehmen Rausch zu versetzen.

Das »Stehbrett« hält am 1. September zum ersten Mal Einzug in mein Zimmer. Es sieht aus wie ein großes Bügelbrett. Auch die Aufstehhilfe rückt auf ihren quietschenden Rädern wieder an. Den Anfang kenne ich jetzt schon gut: Es ist die übliche Geschichte von der Marionette an ihren Fäden. Der weitere Verlauf ist jedoch neu: Die Hebevorrichtung lädt mich nicht mehr auf dem Sessel ab, sondern auf diesem Brett. Das Personal verschnürt mich wie eine Hammelkeule: Meine Beine und meine Brust werden mit Haltegurten festgezurrt, meine Füße werden auf einer Platte befestigt, mein Hintern ruht in einer Schale, und auf Bauchhöhe befindet sich ein kleines Brett, auf dem meine beiden Hände abgelegt werden.

Jetzt kann die Vorführung losgehen: Die Elektrik wird eingeschaltet, und ganz langsam richtet sich das Brett auf. Die Physiotherapeutinnen Marie-France und Maria beobachten mich scharf: Werde ich weiß oder grün? Meine Gesichtsfarbe sieht offenbar nicht allzu besorgniserregend aus, denn das Brett setzt seine Bewegung fort.

Ich habe den Eindruck, als käme die Zimmerwand auf mich zu.

Marie-France ruft mir zu:

»Alles in Ordnung?«

Ja, alles ist herrlich. Es ist einfach fabelhaft, so an Höhe zu gewinnen. Die Apparatur ist ein wahres Wunderwerk. Bei dem ersten Versuch wird das Brett nicht bis zum rechten Winkel hochgefahren; es wird ein wenig früher arretiert. Etwa zehn Minuten verharre ich kerzengerade in dieser halb aufrechten Position, bevor mich die Frauen wieder zurückfahren, bis ich liege. Die gute Neuigkeit: Meine Knie haben standgehalten. Gewiss, sie waren festgeschnallt, aber sie haben keinerlei Anzeichen von Schwäche gezeigt. Das Bügelbrett wird nächste Woche wieder zum Einsatz kommen, und nach und nach werden wir die Häufigkeit und die Dauer der Anwendung steigern.

Sämtlichen um mich herumschwirrenden Helfern liegt ein Lächeln auf den Lippen, und auch auf mein Gesicht schleicht sich ein Hoffnungsschimmer. Eine sanfte, wohltuende Wärme erfasst mich. Ja, die Genesung ist möglich. Nein, ich bin nicht zur Unbeweglichkeit verurteilt. Ja, ich kann aus dieser weichen Falle des Krankenhausbettes herausfinden. Ich kann dort herausfinden.

Ich richte mich wieder auf, endlich! Nicht nur im konkreten, sondern auch im übertragenen Sinn! Der physische Fortschritt bringt so häufig auch einen mentalen Fortschritt mit sich!

Und so lege ich mich mit einer bereits vergessen geglaubten Empfindung zum Schlafen: Ich empfinde beinahe so etwas wie eine sanfte, innere Ruhe.

21

Der Kranke hinter der Krankheit

Während der Rehabilitation beginnen die Tage früh: etwa um 6 Uhr morgens.

Um diese Zeit macht sich Betriebsamkeit breit. Das gleichförmige Surren der Geräte wird übertönt von Stimmengewirr, Gelächter, Rufen, Schritten und zuschlagenden Türen.

Um diese Zeit findet auch die Ablösung statt. Die Morgenschicht löst die Nachtschicht ab. Beide überschneiden sich kurz zur »Übergabe«. Die »Nacht« informiert den »Tag« über die letzten Stunden: Akute Alarmzustände und Komplikationen werden weitergegeben. Es geht um das ständige Auf und Ab des Gesundheitszustandes der »Gäste« dieses schrecklichen Aufenthaltsortes, wo gute Neuigkeiten so viel seltener sind als schlechte.

Während dieser Übergabe darf der Patient das Pflegepersonal keinesfalls stören, die Angestellten können ihm in dieser Phase keine Zeit und Aufmerksamkeit widmen. Aber wie es der Zufall so will, glaube ich oft, gerade dann zu ersticken … und bin einfach gezwungen, jemanden herbeizuklingeln.

Die Reaktionen der Pflegekräfte sind verschieden: Je nach Person und Augenblick begegnet mir Verständnis, Verärgerung, Milde oder Schroffheit … Alles kommt vor. Ihre Stimmungen wechseln ebenso rasch wie das Wetter. Ich habe Verständnis dafür, finde es beinahe normal. Sie stehen schließlich unter einem enormen Druck und befinden sich quasi in permanentem Stress.

Der Patient seinerseits ist physisch und psychisch geschwächt und lechzt aufgrund seiner Ängste nach erhöhter Aufmerksamkeit. So fühle ich mich manchmal richtiggehend schuldig, wenn ich um etwas bitte. Wie ein Kind, das unentwegt seine Eltern belästigt und nicht versucht, alleine klarzukommen.

Das Hauptproblem besteht meiner Meinung nach darin, dass das medizinische Personal viel zu oft vergisst, dass es hinter jeder Krankheit auch einen ... Kranken gibt. Dass alle beide behandelt werden müssen! Dass nicht jeder Patient gleich ist! Und wenn Sie als Patient nicht in das übliche Schema passen, dann sehen Sie sich vor!

Ich bin hier im Krankenhaus immer wieder Verhaltensweisen begegnet, die man einfach als Ungastlichkeit bezeichnen muss. Beispielsweise fuhr mich gestern oder vorgestern eine Krankenpflegerin wirklich böse an, ich solle doch wenigstens meinen eigenen Speichel herunterschlucken! Als ob ich das nicht sofort tun würde, wenn ich dazu in der Lage wäre. Ich würde diese Absonderungen sehr viel lieber »herunterschlucken«, als minuten- oder sogar stundenlang zu klingeln, damit man mich davon befreit, bevor ich gerade nachts spüre, wie der Speichel langsam auf mein Nachthemd hinunterläuft und schließlich sogar auf den Boden tropft.

Ich kann mich nicht mitteilen, ich kann nicht für mich selbst sorgen. Ich bin ihnen also vollkommen ausgeliefert, ich bin abhängig von ihrem guten Willen. Es gibt Pflegerinnen, die mir einfach nur barsch entgegenschleudern: »Ich kann Sie nicht verstehen!«, wenn ich versuche, ihnen begreiflich zu machen, dass ich Schmerzen im Bauch oder am Arm habe. Aber glücklicherweise sind diejenigen, die nicht fortgehen, ohne mich verstanden zu haben, in der Überzahl.

Nach meinen bescheidenen Erfahrungen schätze ich, dass etwa fünf Prozent der im Krankenhaus tätigen Personen dort eigentlich nichts verloren haben. Aber die übrigen 95 Prozent sind ganz besondere Menschen. Jeden Tag schenken sie mir, und sei es nur durch einen Blick, eine Geste oder ein klein wenig Aufmerksamkeit, eine Portion Menschlichkeit – und das tut unglaublich gut.

Ich mag diese Morgenstunde, wenn ich höre, wie sie miteinander scherzen, sich mit einem Küsschen begrüßen, sich nach Neuigkeiten aus dem Privatleben erkundigen und sich um einen reibungslosen Ablauf ihres Dienstes bemühen.

Ich höre, wie sie von dem »Großen« und dem »Kleinen« sprechen:

»Oh, der Große fände das aber gar nicht gut!«

Ich weiß sofort, wen sie meinen: Der Große ist der Intensivmediziner, der eher unter der Woche präsent ist, der Kleine übernimmt meistens das Wochenende. Und sie haben natürlich genau wie auch ich ihre Vorlieben.

Trotz der unvermeidlichen Ausnahmen empfinde ich eine natürliche Zuneigung für all diese Personen, größtenteils Frauen, die jeden Tag durch die Schleusenkammer hierherkommen, um ihre Arbeit zu verrichten. Ich bewundere ihren Einsatz. Sie reiben sich auf, denn ihre Arbeitsstätte ist ein extrem schwieriges Terrain: Überall um sie herum lauert der Tod. Wenn man ständig mit der Grenze zwischen Leben und Tod konfrontiert ist, muss man seine Emotionen gut im Griff haben, Schutzmechanismen gegen allzu viel Mitgefühl entwickeln und Momenten der eigenen Schwäche entgegenwirken. Wie verkraften sie die Todesfälle, die sie immer wieder miterleben? Wie können sie es ertragen, dass immer wieder Patienten zur Leichenhalle transportiert werden, um die sie sich kurz zuvor noch gesorgt haben, für die sie über die Flure gerannt sind und unter der Oberaufsicht der Ärzte alles versucht haben, was in ihrer Macht stand? Was erzählen sie zu Hause von all dem, was sie hier an Leben ... und an Sterben gesehen haben? Wie gelingt es ihnen, sich nicht nach und nach unmerklich anstecken zu lassen von einem solchen Übermaß an Emotionen?

Ich bin ihnen niemals böse gewesen, wenn ich sie vor den Türen der Kranken lachen hörte. Im Gegenteil, ich bin ihnen dankbar dafür. Ihre Energie ist Ausdruck des Lebens, und Leben kann es auf einer Station wie dieser hier gar nicht genug geben. Jedes Lachen, das durch diese unpersönlichen Flure hallt, nimmt dem Leid ein wenig Wind aus den Segeln.

Die erste Behandlung, die mir am Morgen zuteilwird, bedeutet ein wahres Glück für mich: Sie besteht darin, das »Bronchialsekret« abzusaugen, das sich während der Nacht angesammelt hat. Jemand schiebt eine Art Absaugschlauch auf die Kanüle in dem Luftröhrenschnitt und saugt ... Es ist unglaublich, welche Mengen ich während eines Tages und einer Nacht absondere! Was nicht auf diese entwürdigende Weise aus meinem Mund, auf meinen Körper und mein Bett läuft, staut sich im Innern und behindert irgendwann meine Atmung – ganz so, als würde ich an meinen eigenen Körpersäften ersticken.

Das Absaugen bedeutet eine unglaubliche Erleichterung für mich. Wenn man mich von diesem zähen Schleim befreit, so ist das beinahe so, als würde man mir eine große Schüssel frische Luft zum Frühstück servieren.

Nur wenig später tauchen dann zwei lächelnde Gestalten auf. Eine blonde und eine dunkelhaarige Pflegerin rufen mir zu:

»Jetzt werden wir Sie waschen!«

Bevor sie sich mir zuwenden, waschen sie sich selbst die Hände, streifen Latexhandschuhe für den einmaligen Gebrauch über und binden sich transparente Schürzen um ihre Kittel. Da schießt mir doch die Frage durch den Kopf:

»Bin ich wirklich so gefährlich?« Das erinnert mich an einen Arzt, der meine Hand gerade einmal flüchtig berührte, als ich sie ihm zu geben versuchte ... um sich unmittelbar danach sorgfältig seine Hände zu waschen! Ich habe im Übrigen bemerkt, dass die hohen Herren im Allgemeinen eine beträchtliche Distanz gegenüber den Kranken wahren, wenn sie sie mit ihrer Visite beehren.

Die beiden Frauen schieben eine Plastikfolie unter mich und beginnen damit, mir das Gesicht zu waschen, dann wandern sie über den Oberkörper zu den Beinen hinunter. Das Wasser ist eine Wonne. Ich sollte es vermutlich nicht tun, aber ich muss einfach an meine Morgentoilette zu Hause in meinem Badezimmer denken. Wie glücklich konnte ich mich damals schätzen und wusste es doch nicht! Es ist verrückt, wie viele kleine Freuden ein »normales« Leben birgt! Freuden, die man gar nicht als solche wahrnimmt.

Werde ich irgendwann einmal wieder zu Hause ein Bad nehmen können? Dieser Gedanke versetzt mich plötzlich doch ein wenig in gedrückte Stimmung. Aber ich besinne mich sogleich wieder auf den Schlachtplan, den ich mir zurechtgelegt habe: alles über mich ergehen lassen, auf das Schlimmste gefasst sein und keinesfalls den Mut verlieren.

Mut brauche ich ganz besonders am Montagmorgen. Das ist der Tag der Gasometrie: der Arterienpunktion. Mit dieser Untersuchung wird der Sauerstoffgehalt des Blutes gemessen. Es ist jedes Mal ein Drahtseilakt. Der Krankenpfleger und ich bemühen uns gleichermaßen, stoisch ruhig zu bleiben, dabei ist uns beiden ganz anders zumute. Er muss mit der Nadel zwischen die Knochen des Handgelenks einstechen, dabei darf er weder Nervengefäße noch den Mittelhandknochen treffen und muss doch eine tiefliegende Arterie finden. Aber die Arterie widersetzt sich, sie will sich nicht stechen lassen, sie verschwindet, ist zu muskulös oder zu elastisch … Und dann rutscht die Nadel aus, bohrt sich ins Fleisch oder in den Knochen, was weiß ich …

Er muss noch einmal von vorn beginnen, weil die Untersuchung notwendig ist: Er muss die Arterie treffen. Auch wenn meine Stimme das jetzt wieder zuließe, wäre es für mich eine Frage der Ehre, jetzt nicht zu schreien.

Meine Schublade quillt über vor Kosmetika. Ray hat mir einen großen Teil der Cremes mitgebracht, die sich normalerweise in meinem Badezimmer stapeln.

Die Pflegerinnen wollen meiner Haut und meiner Seele mit all diesen Produkten etwas Gutes tun. Ich kann stolz von mir sagen, dass ich nach den Behauptungen einer Pflegerin das weit und breit am besten duftende Zimmer der ganzen Station habe.

Niemals legen diese Frauen ihre Freundlichkeit ab. Aber die bestmögliche Fürsorge ist die Gegenwart meiner Angehörigen.

Besser als jeder andere versteht Ray es, den Hoffnungsschimmer wachzuhalten, den ich für meine Erfolge so sehr brauche. Oft sieht er bei seiner Ankunft schon auf den ersten Blick, dass etwas nicht in Ordnung ist. Dann macht er auf dem Absatz kehrt, um die Stationsschwester oder den diensthabenden Arzt zu finden. Ray ist es, der mich zudeckt, wenn mir kalt ist, und der die Decke wieder fortnimmt, wenn mir heiß ist. Er macht den Fernseher aus, wenn ich genug habe. Jeden Abend achtet er darauf, dass alles in Ordnung ist für die Nacht. Es schmerzt mich zu sehen, wie er sich für mich einsetzt. Ohne ihn gäbe es mich nicht mehr. Ich glaube, dass es wirklich Momente gab, in denen er mir böse war, ihn von einem Augenblick auf den anderen so allein gelassen zu haben …

Tatkräftig reibt er mir immer wieder die Kopfhaut mit einer Haarlotion ein, massiert mir die Beine mit einer wohltuenden Creme oder stimuliert meine Fußsohlen mit dem festen Druck seiner Finger. Unter dem Zugriff seiner Hände kehrt wieder Leben in meinen Körper zurück. Ich bin keine träge Masse mehr, sondern werde wieder zu einem empfindenden Wesen. Ein wenig erinnert es an die »Abenteuer im Zauberwald«, wo die Liebe Iwans die zu Eis erstarrte Schöne im Zauberwald erlöst …

Alles über mich ergehen lassen, auf das Schlimmste gefasst sein und keinesfalls den Mut verlieren. Ja, aber das sind nicht meine einzigen Wahlsprüche. Ich füge folgende Worte hinzu, und sie sind letztlich die entscheidenden: Vertrauen in die Zukunft bewahren, denn das Glück findet sich überall.

22

Atmen

Tag und Nacht schnauft er neben mir. Ohne Unterbrechung. Er ist der erste und treueste meiner Schicksalsgefährten. Er verlässt mich nicht. Er war seit meinem Aufwachen an meiner Seite, bereits in jenem vollkommenen Dunkel, in jenem geheimnisvollen Nichts, das mich während meiner Rückkehr ins Bewusstsein umgab. Das ist jetzt schon so lange her, nämlich anderthalb Monate.

Ab dem 2. September, so haben die Chefs der Station beschlossen, soll ich ohne dieses Beatmungsgerät auskommen. Mit anderen Worten, ich soll wieder lernen, alleine zu atmen. Neu erleben, was ein Kind erlebt, wenn es zur Welt kommt – nur bin ich 57 Jahre alt. Eine merkwürdige Erfahrung. Ein wunderbarer Lernprozess. Achtung, der Schlauch des Beatmungsgeräts wird jetzt gleich entfernt!

»Und nun sind Sie dran, Madame Lieby!«

Ich konzentriere mich wie vor dem Start zu einem Rennen, und dann geht es auch schon los: Ich übernehme wieder selbst die Verantwortung für mein Leben. Ich muss atmen und darf keinesfalls vergessen weiterzuatmen!

Wie machen all die anderen das? Wie machen sie es, dass sie atmen, ohne daran zu denken? Dass sie atmen und gleichzeitig mit etwas anderem beschäftigt sind? Dass sie atmen, ohne müde davon zu werden? Ich muss es wieder neu lernen, und es fällt mir zwangsläufig schwer. Das Atmen ist ein Lernprozess, wie das Fahrradfahren oder das Skifahren. Wenn man es kann, ist es das Natürlichste der Welt, aber am Anfang ist es sehr gefährlich.

Ich gehe eifrig ans Werk, denn ich will eine gute Schülerin sein. So klappt es auch recht gut mit dem Einatmen, aber ich atme nicht kräftig genug aus. Nur mein Oberkörper ist an der Atmung beteiligt, mein Zwerchfell reagiert nicht mehr. So behalte ich zu viel Stickstoff im Körper, und Kopfschmerzen stellen sich ein. Ich möchte jetzt, bitte, wieder an das Beatmungsgerät angeschlossen werden ...

Dieser erste Versuch hat eine gute Stunde gedauert. Ich bin erschöpft. Schweißgebadet. Der Schlauch ist jetzt wieder an Ort und Stelle, mein Beatmungsgerät übernimmt, und ich bekomme endlich wieder ... Luft.

Ray ist natürlich an meiner Seite.

»Bravo, Angèle! Toll! Siehst du, du kannst es auch ohne Beatmungsgerät!«

Er ermutigt mich. Er ist glücklich. Glücklich, dass ich es versucht habe, aber vermutlich auch glücklich darüber, dass es jetzt erst einmal vorüber ist. Während der langen Minuten des »selbstständigen« Atmens blickte er unentwegt auf den Monitor. Besonders beunruhigend war mein Pulsschlag. Mittlerweile versteht er die Geräusche und geheimnisvollen Zeichen der Elektronik zu deuten.

Wie bei dem Sessel und der Vertikalisierung werden die Zeiten ohne Beatmungsgerät allmählich gesteigert. Während der Visite wird der Schlauch entfernt. Mir ist es immer sehr wichtig, dass Ray dabei ist, denn sonst bin ich nicht entspannt. Er blickt mit einem Auge auf den Monitor, mit dem anderen auf mich und gibt mir Ratschläge wie ein Trainer. Immer und immer wieder lautet seine wichtigste Botschaft:

»Beruhige dich, mein Liebling, versuch, ganz kontrolliert zu atmen!«

Ich habe keine Wahl, ich muss schnell Fortschritte machen. Denn bald steht ein entscheidender Abend an.

Schon hat einer der Ärzte verkündet:

»Jetzt werden Sie die ganze Nacht allein atmen!«

Mein Gott! Das sagt sich so leicht! Und Ray wird nicht die ganze Zeit über hier sein können ...

Ich habe Angst, will aber doch nicht protestieren. Ich kann mich schließlich nicht darüber beklagen, dass das Personal solche Fortschritte bei mir sieht. Ich darf mich nicht drücken. Ich darf mich nicht davor verschließen, wieder ein Stück mehr Autonomie zu erreichen.

Draußen vor dem Fenster ist der Himmel bereits dunkel geworden. Ich bin allein und von dem Beatmungsgerät abgekoppelt. Die Angst steigt in dem Maße, wie die Geräusche auf der Station während der Nacht leiser werden. Allerdings verstummen sie nie ganz.

Schon weitaus unwichtigere Dinge können einem den Schlaf rauben ... Ich liege im Bett, allerdings in beinahe sitzender Position. Der Oberkörper ist ziemlich aufgerichtet, damit ich besser atmen kann und der Schleim mich nicht behindert. Dennoch habe ich in regelmäßigen Abständen das Gefühl zu ersticken. Mir wird unglaublich heiß, und ich fühle mich unglaublich verletzlich ...

Ich wiederhole in Gedanken Rays Ratschläge:

»Beruhige dich, mein Liebling, beruhige dich!«

Der Angstpegel sinkt wieder ein wenig. Ich konzentriere

mich auf das Geräusch, das ich mit so viel Mühe zustande bringe. Ich möchte so gerne, dass dieses Geräusch ganz regelmäßig klingt, aber es kommt mir furchtbar chaotisch vor. Werde ich, wenn ich einschlafe, noch ausreichend tief ausatmen? Wird alles automatisch klappen? Oder werde ich am Ende sterben, wenn ich einschlafe? Nein, sonst würden sie das nicht von mir verlangen. Sonst würden sie nicht alle diese Heldentat von mir erwarten. Es scheint ihnen eine ungeheure Freude zu bereiten ... Außerdem würden die Geräte sie sicher sofort herbeirufen, wenn etwas schiefliefe. Die Krankenschwestern schauen sicher auch öfter in meinem Zimmer vorbei als gewöhnlich. Ganz sicher stehe ich unter einer besonders strengen Überwachung.

Ich achte aufmerksam auf meine Atemzüge, kontrolliere ihre Regelmäßigkeit – und das Wunder geschieht. Vielleicht haben sie etwas übertrieben mit den Medikamenten, aber Tatsache ist: Die Angst zieht sich zurück, es ist so weit, ich lasse mich treiben ...

Ich wache auf. Ich lebe immer noch. Ich bin glücklich, am Leben zu sein, glücklich, am frühen Morgen wieder an das Beatmungsgerät angeschlossen zu werden. Ich genieße den Halt, den es mir gibt. Es ist ein großer Sieg, aber er ist nicht endgültig. Es müssen noch viele Kämpfe bestanden werden, bevor der Krieg zu gewinnen ist. Die Zeit ohne Beatmungsgerät dehnt sich nicht auf lineare, mathematisch zu berechnende Weise aus. Jeder Tag sieht anders aus. Oft folgt einem sehr schlechten Tag ein sehr guter. Es gibt keine Gewissheit. Ich weiß, dass es nicht leicht sein wird. Jedem Hoffnungsschimmer folgt ein Augenblick der Sorge und Angst. Immer wieder gerate ich in Panik, und dann muss mich das Beatmungsgerät beruhigen.

Ich vernehme Kommentare, die nicht für meine Ohren bestimmt sind:

»Sie hat es wieder nicht geschafft …«

Solche Worte klingen für mich wie ein Vorwurf. Ratlosigkeit spiegelt sich in den Gesichtern der Ärzte, die mich verstohlen mustern, während sie mit Ray sprechen. Ich möchte nichts lieber als eine gute Schülerin sein. Ich möchte ihnen so gerne alles recht machen.

23

Geschichten vom Wasser

Die kühle Witterung am Berg Sainte-Odile ... das sanfte Plätschern einer Quelle ... das dumpfe Rauschen des Meeres ... der wohltuende Wasserschwall einer Dusche ... der samtige Schmelz eines Schlucks Wasser ... das große Vergnügen eines Glases frischen Wassers! Ein großes, lange vermisstes Vergnügen.

Einen ganzen Sommer habe ich verbracht, ohne ein einziges Glas Wasser zu trinken. Nur ein paar Tropfen habe ich schlucken können, mit denen mitfühlende Freunde gleich einer Opfergabe hin und wieder meine Zunge benetzten. Mein Mund ist so fürchterlich trocken. Dehydriert bin ich nicht, denn das Wasser dringt ja über den Schlauch der Gastrostomie direkt in meinen Organismus, aber es fehlt mir, fehlt mir so sehr. Das Wasser ist meine Droge, und ich bin auf Entzug. Verzückt spüre ich, wie die durch die Sonde fließende, kühle Flüssigkeit in meinen Magen gelangt. Und wenn einer meiner Besucher sich am Waschbecken die Hände wäscht, so lausche ich dem aus dem Hahn strömenden Wasser, als handelte es sich um eine göttliche Symphonie!

Das Wasser geht mir nicht aus dem Sinn. Heute genauso wenig wie während der Tage, als ich noch im sogenannten Koma lag und davon träumte, wie ein Krokodil in einem Fluss dahinzugleiten. Ich würde viel darum geben, jetzt und hier in einen See, ein Schwimmbad oder eine Badewanne eintauchen zu können ... sogar eine einfache Wasserpfütze würde mir schon reichen!

Das Wasser ist eines meiner zentralen Themen bei unseren »Gesprächen« über Finger oder Augenlider. Ray hält das alles in seinem grünen Heft fest:

»4. September. Angèle will Bonbons haben und einen Lutscher. Aber es ist wegen des starken Speichelflusses nicht möglich.

10. September: Angèle ist unglaublich durstig.

20. September: Saugt an befeuchteten Tüchern.

25. September: Träumt von einem Glas frischen Wassers.

28. September: Bittet darum, ihr Gesicht und ihre Zunge mit einem Zerstäuber zu benetzen.«

Dieses Bedürfnis mag paradox erscheinen, da ich ständig im Übermaß Speichel und Schleim absondere. Aber wenn Speichel auf die gleiche Weise hydrieren würde wie Wasser, würde man kein Bedürfnis verspüren zu trinken. Zudem kleben mir die Pflegerinnen, um meinen Speichelfluss zu bremsen und den Schleim aufzunehmen, Kompressen auf beide Seiten des Halses. So trockne ich noch mehr aus. Ich komme mir vor wie eine Blume, die in einer Vase vergessen wurde. In einer Vase, deren Wasser schon lange verdunstet ist.

Sobald mich jemand besucht, nutze ich die Gelegenheit, um einen Stoß aus einem Zerstäuber zu erbetteln oder, besser noch, ein mit Wasser getränktes Tuch, das man mir auf die Lippen legt. Der Gipfel der Glückseligkeit ist erreicht, wenn Ray auf dieses Tuch noch etwas frische Orange platziert. Gierig sauge ich an diesen Gaben. Meine Gier ist so groß, dass meine Freunde davor zurückschrecken, mir diesen Gefallen zu erweisen: Sie haben Angst, dass ich ersticken könnte …

Mit der Zeit gelingt es mir, mich ganz allein zu »bedienen«: Das feuchte Tuch liegt auf dem Rand einer Nierenschale, und mit viel Mühe schaffe ich es schließlich, es an meinen Mund zu führen. Es ist eine heilgymnastische Übung wie andere auch. Es fällt mir schwer, aber ich bin sehr motiviert. Denn besonders gute Fortschritte mache ich, wenn es am Ende eine Belohnung gibt.

24

Ein bisschen wie Benjamin Button

Marie-France, die Physiotherapeutin, verlangt, dass ich ihr die Zunge herausstrecke.

Ich denke gern an meine Kindheit zurück und habe manchmal den Eindruck, dass ich manchen Streichen immer noch zugeneigt bin. So auch jetzt – ich lasse mich nicht lange bitten, wenn schon einmal so etwas von mir verlangt wird!

Mit weit geöffnetem Mund sitze ich in diesem Intensivbett, von dem ich bereits jede Schraube kenne, und gebe mir redlich Mühe.

Ungeduldig beäugt Marie-France meine Mundhöhle.

»Strengen Sie sich jetzt noch einmal richtig an!«

Aber das tue ich doch! Ich strecke meine Zunge heraus, und zwar mit aller Kraft. Die Zunge muss jetzt schon ganz deutlich herausschauen. Wenn ich noch weitermache, werde ich gleich an ihrer Nasenspitze lecken …

»Strecken Sie sie heraus?«

Ich bewege den Kopf von oben nach unten, um ihr ein »Ja« zu bedeuten.

»Nein, das stimmt nicht! Machen Sie es mir nach!«

Ich sehe ihre Zunge ganz genau … Ich strenge mich noch einmal an.

Aber sie sieht immer noch enttäuscht aus.

»Strecken Sie sie jetzt heraus?«

Aber ja doch! Ich nicke noch einmal und stelle mir vor, wie lächerlich mein Kopf dabei aussehen muss – mit dem aufgerissenen Mund und den verzerrten Gesichtszügen.

»Ich versichere Ihnen, dass nichts zu sehen ist … Hier, schauen Sie selbst.«

Sie hält mir einen Spiegel vor.

Automatisch sehe ich stumpfsinnig hinein.

Der Anblick löst einen Schock aus.

Ich kann es nur bestätigen: Man sieht in der Tat ausgesprochen lächerlich aus, wenn man den Mund aufreißt und die Zunge nicht herausstrecken kann.

Aber das allein war es nicht, was mich verblüfft hat. Ich höre auf, Grimassen zu schneiden, und versuche, wieder einen normalen Gesichtsausdruck anzunehmen. Ich kann es immer noch nicht fassen: Aus dem spiegelnden Rechteck, das Marie-France mir vorhielt, blickte mich eine alte Frau an.

Es war eine alte Frau und nicht mehr ich selbst. Ich nehme den Spiegel, ich versuche, ihn langsam hin und her zu bewegen, um diese Unbekannte, zu der ich geworden bin, aus allen Blickwinkeln zu begutachten. Letztlich ist es keine vollkommen Unbekannte. Denn es ist meine Mutter, die ich in dem Spiegel sehe. Meine Mama am Ende ihres Lebens, mit ihren 95 Jahren: Schüttere Haare, eine weiche, faltige Haut, dünn wie Pergament, feuchte Augen, als stünden Tränen in ihnen, und ein etwas verschleierter Blick wie bei all denen, die am Ende ihres Weges angelangt sind.

Niemals hätte ich gedacht, dass ich ihr eines Tages so sehr ähneln könnte. Wir hatten früher nicht die gleichen Körpermaße. Mit zunehmendem Alter hat sie ihre Rundungen verloren. Ich hingegen habe nun meine Jugendlichkeit verloren, weil ein seltsames inneres Erdbeben sie mir brutal entrissen hat ...

Seit dem Tag, an dem es mir gelungen war, aus dem Gefängnis meines Körpers auszubrechen, hatte ich es vermieden, in einen Spiegel zu sehen. Dreimal kam auf Rays Veranlassung eine Friseurin zu mir ins Krankenzimmer. Ich fühlte, dass meine Haare eine seltsame Beschaffenheit angenommen hatten, denn die Spitzen wirkten verfilzt wie ein Wollknäuel. Dreimal reichte mir die Friseurin nach getaner Arbeit einen Spiegel, damit ich das Ergebnis beurteilen sollte. Und dreimal lehnte ich ab. Aus Koketterie? Nein, vielmehr aus Angst vor dem, was ich entdecken würde.

Gleichzeitig konnte ich den Anblick kaum erwarten! So schrecklich konnte es doch nicht sein. Ich rechnete wirklich nicht damit, dass ich so ... verändert aussehen würde.

»Selbst im Koma bist du schön, Angèle!«, hatte vor noch gar nicht langer Zeit Bernadette zu mir gesagt. Was würde sie jetzt wohl denken? Im Wachkoma hatte ich zumindest nicht wie eine alte Frau ausgesehen.

Ich habe erst nachträglich erfahren, was für einen seltsamen Eindruck ich offenbar auf Janine, eine andere Freundin von mir, gemacht hatte. Wie ich, geht auch sie mit Begeisterung wandern und hält sich dadurch fit. Bei ihrem ersten Besuch nach meinem »Aufwachen« betrat sie zusammen mit Hubert, einem Arbeitskollegen von mir, mein Zimmer. Sie hatten sich zufällig auf dem Flur getroffen und beschlossen, mich gemeinsam zu besuchen. Unwillkürlich spendet so jeder dem anderen ein klein wenig Mut, und man legt die Hemmungen schneller ab, die einen in solchen Fällen leicht beschleichen. Diesen Mut hatten sie auch bitter nötig ... An jenem Tag hatte ich sie nicht bemerkt, ja, nicht einmal ihre Anwesenheit gespürt. Ich lag vollkommen regungslos da, meine Gesichtszüge waren starr, die Augen jedoch geöffnet. Diese Augen waren verdreht und starrten an die Decke hinter meinem Kopf.

Was sie sahen, war eine alte Frau auf ihrem Totenbett.

Als die Mauer um meinen Körper herum Risse bekam, glaubte ich, wieder zu einem Säugling zu werden, einem Wesen, das nichts alleine tun kann und alles erst lernen muss: atmen, schlucken, seine Notdurft verrichten; und wenn alles gut verläuft, kommt später das Sprechen, Gehen und Laufen hinzu ... Ich verglich mich mit einem Kleinkind auf dem langen Weg zur Selbstständigkeit.

Als ich mich jedoch in diesem Spiegel erblicke, empfinde ich genau das Gegenteil: Ich bin kein Kleinkind, sondern eine Greisin! Ich bin bereits am Ende meines Weges angekommen, so wie meine Mutter, kurz bevor sie diese Welt verlassen hat. Ohne Muskeln, ohne Spannkraft. Wenn es mir gelingt, mich aus dem Bett zu erheben, so spiegeln sich in den Fensterscheiben die Züge einer 100-jährigen Altersheiminsassin.

Der Film meines Lebens ist mit einem Ruck so schnell weitergelaufen, dass er mich direkt in die Schlussszene geworfen hat, auf die nur noch das Wort »Ende« folgt. Somit stehe ich jetzt vor der ungeheuren Herausforderung, die Filmrolle wieder zurückzuspulen.

Die Geschichte von Benjamin Button, der im Film von Brad Pitt dargestellt wird, ist im Grunde nicht so absonderlich, wie man denken könnte. Das außergewöhnliche Schicksal dieses Mannes, der alt geboren wird und jung stirbt, gleicht meiner

Geschichte. Wie Benjamin Button beginne ich jetzt mit dem Ende. Wie er muss ich verkehrt herum leben und mit den Jahren jünger werden. Nur ist dieses Unterfangen eine weitaus schwierigere Aufgabe, als langsam ins Alter zu gleiten …

25

Lektion in »Leben«

Es ist die Zeit der Fortschritte. Sie sind nicht regelmäßig zu verzeichnen, aber sie sind auch nicht zu leugnen. An das Erlernen der Atmung und die allmähliche Befreiung von dem Beatmungsgerät schließen sich andere wesentliche Errungenschaften an. Alle stellen ein teures Gut dar, denn der Weg ist schwer und verläuft nicht immer befriedigend. Aber jede neue Errungenschaft muntert mich auf und erfüllt mein Herz mit einer unverdrossenen Entschlossenheit.

Meine ersten Schritte sind ein solches Beispiel. Es gleicht zwar einem militärischen Manöver, aber ich stehe jetzt ohne Aufstehhilfe auf, um zu meinem Sessel zu gelangen. Dann gehe ich sogar noch etwas weiter und wage mich bis in den Flur. Natürlich in sicherer Begleitung. Eine Person geht rechts von mir, eine andere links, und hinter mir befindet sich der Rollstuhl: Er birgt eine Sauerstoffflasche und ist stets bereit, mich bei einem Schwächeanfall wieder aufzunehmen.

Was für eine ausgefeilte Technik das Gehen doch ist! Zunächst muss man sich auf die wacklige Stellung der Wirbelsäule über dem Becken einlassen, mit der ich mich auf meinem »Bügelbrett« bereits vertraut gemacht habe; dann muss man den sich bewegenden Körper ständig im Gleichgewicht halten. Es muss so viel bedacht werden: Zuerst das Gewicht auf ein Bein verlagern, dann auf das andere … Jetzt ist das rechte

Bein dran: Es scheint eine Tonne zu wiegen. Dann kommt der heikle Moment: Das Becken muss gekippt und nun das linke Bein gehoben werden. Ich torkele wie in Zeitlupe vorwärts. Meine Begleiter klatschen mir Beifall. Das bedeutet doch, dass ich eine Heldentat vollbracht habe, oder etwa nicht?

Auf der Intensivstation kommt es sehr selten vor, dass ein Kranker sein Zimmer auf seinen eigenen Füßen verlässt. Seht alle her, sie läuft! Beinahe wie in der Bibel. Ich habe zwei Schritte gemacht … Seid ihr auch sicher? Tatsächlich sogar zwei? Ich lächele: In meinen Träumen gehe ich schon seit Langem wieder spazieren!

Diese Schritte befriedigen mich zutiefst. Aber wie schwer das Gleichgewicht zu halten ist! Ich habe keine Muskeln mehr, in rasender Geschwindigkeit sind sie dahingeschmolzen. Passt gut auf mich auf, ich kann jeden Augenblick den Halt verlieren! An das Atmen muss ich auch noch denken, und außerdem macht sich bereits ein Seitenstechen bemerkbar … Dennis, ein weiterer Physiotherapeut, ist entzückt: Er freut sich mit mir, als gehöre er zur Familie. Die Physiotherapeuten sind zu diesem Zeitpunkt sehr wichtig für mich. Sehr viel wichtiger als die hohen Herren der Ärzteschaft, die mich stets aus gebührendem Abstand beobachten.

Als ich zum Bett zurückkehre, werfe ich einen Blick aus dem Fenster. Überrascht stelle ich fest, dass die Bäume keine Blätter mehr haben und unter einem grauen Himmel zu frösteln scheinen. Meine letzte Erinnerung an die Welt draußen bezieht sich auf meine Ankunft in diesem Gebäude: Es war ein heißer Sommerabend, und die Bäume standen in üppigem Grün da. Die Jahreszeit hat sich gewandelt, ohne dass ich es bemerkt habe. Der Sommer ging vorbei, ohne auf mich zu warten.

Die Befreiung von dem Beatmungsgerät erlaubt auch einen anderen, fundamentalen Fortschritt: Ich kann wieder sprechen. Zwar spreche ich nicht wie die Angèle von früher, aber ich kann Laute hervorbringen und mich sogar mit ihnen verständlich machen ...

Dafür muss die Kanüle gewechselt werden. Man nimmt nun ein Modell, das im Grunde als Stöpsel fungiert und dafür sorgt, dass die Luft nicht durch meinen Hals entweicht, sondern durch den Mund. Diese Sprechkanüle blockt also gewissermaßen die Atemkanüle.

Alles ist für den entscheidenden Augenblick vorbereitet. Jemand spricht mir Mut zu:

»Versuchen Sie es jetzt! Sagen Sie ›ja‹, ›nein‹, ›Guten Tag‹, ›Auf Wiedersehen‹ ...«

Wie lange ist es her, dass ich dieses Wort ausgesprochen habe! Meine Stimme muss furchtbar eingerostet sein!

Versuchen wir es! Kann das denn so einfach klappen?

»Guten ... Tag ...« Ich blicke in hocherfreute Gesichter. Sie lächeln nicht nur, sondern strahlen vor aufrichtiger Freude. Aber ich nicht! Ich bin entsetzt über das, was ich gerade vernommen habe! Ein Aufschrei geht durch mein Inneres: »Oh nein, das ist doch nicht möglich! Setzen Sie mir wieder die alte Kanüle ein!« Natürlich denke ich es nur, denn ich ziehe es vor zu schweigen. Die Stimmbänder funktionieren zwar noch, aber auf welche Weise ... Man könnte glauben, es sei die Stimme einer Frau, die Tag und Nacht trinkt!

Mein erster Gedanke gilt meinen Enkelinnen: Sie werden ihre Oma nicht wiedererkennen. Diese Säuferstimme habe doch nicht ich! Ganz leise und heimlich mache ich einen erneuten Versuch: »Ja, nein, Guten ...« Grrr!

Es klingt grauenhaft: dumpf und metallisch. Ich bekomme eine Gänsehaut, wenn ich es höre. Die anderen finden das alles offenbar ganz großartig. Aber so ist es eben auch: Ich muss mich nur daran gewöhnen, dass ich mich von der unterscheide, die ich noch zu sein glaube. Es wird nicht einfach sein, wieder ich selbst zu werden.

Tagsüber setzen mir die Pflegerinnen jetzt stets die als Stöpsel fungierende Kanüle ein, nachts die andere. Meine anfänglichen Skrupel habe ich rasch abgelegt: Lieber lebe ich mit der Stimme einer Fremden, als stumm zu bleiben. Es ist noch gar nicht lange her, da lag ich gewissermaßen unsichtbar anwesend mitten unter den Lebenden. Jetzt reichen bereits ein paar wortlose Nächte aus, um mir das Gefühl zu geben, von der Welt abgeschnitten zu sein.

Mit der Nahrungsaufnahme verhält es sich ebenso: Die Fortschritte sind mühsam, aber es gibt sie. Der »Große« hat befunden, dass ich mich wieder an eine normale Ernährung gewöhnen soll. Da stimme ich ihm vollkommen zu. Die einfache Tatsache, zu bestimmten, feststehenden Zeiten ein Tablett gebracht zu bekommen, ist ein Vergnügen. Essen ist nicht nur ein physiologisches Bedürfnis, es ist auch ein kultureller Akt. Die Infusionen und Pillen mögen mir noch so viele Kalorien verabreichen, sie sind kein Ersatz für eine Mahlzeit. Wirklich satt ist man nur, wenn alle Sinne am Essen beteiligt sind: das Schmecken, das Riechen, aber auch das Tasten und Sehen … Und wenn möglich auch das Hören, denn eine gute Mahlzeit nimmt man gemeinsam mit anderen in einer geselligen – und gesprächigen – Runde ein.

Natürlich bin ich noch weit entfernt von einem Kotelett mit

dampfendem Sauerkraut ... Auf dem an meinem Bett befestigten Tisch steht ausschließlich flüssige Nahrung wie Suppe oder Kompott. Anstelle von Gabel und Messer erhalte ich zwei Spritzen – ohne Nadel selbstverständlich. Tropfenweise flöße ich mir die Nahrung ein. Eine Hand unterstützt dabei die andere. Ich muss ein wenig Suppe in die Plastikspritze hineinziehen, führe diese zum Mund und platziere dort die Flüssigkeit in kleinen Portionen unter der Zunge und keinesfalls auf der Zunge, denn sonst könnte ich daran ersticken. Schon ein kleines Stückchen Kartoffel kann dieses Prozedere blockieren. Alles muss ganz präzise ablaufen, denn jede Abweichung birgt möglicherweise eine Gefahr.

Ich kann mir nicht vorstellen, dass irgendjemand sonst so viel Zeit braucht, um so wenig Nahrung zu sich zu nehmen. Aber trotz dieses Missverhältnisses ist das Essen ein echtes Vergnügen.

Und auch dieses Unterfangen wird im Lauf der Tage und dank der kleinen Erfolge immer weniger beschwerlich. Eine Krankenschwester notiert, was ich selbst schlucke, und verringert die Infusion um die gleiche Menge an Kalorien. Langsam aber sicher ändert sich das Verhältnis zwischen dem, was ich durch den Mund zu mir nehme, und dem, was über die Infusion direkt in den Bauch geht.

Auf der Intensivstation sind Blumen nicht erlaubt. Keine Rosen, keine Lilien, keine Orchideen, um mein Zimmer etwas freundlicher zu gestalten. Blumen gelten als besonders günstiger Herd für Keime. Die Freunde, die es dennoch gewagt haben, mit einem Blumenstrauß bewaffnet herzukommen, müssen ihn abgeben, bevor sie Einlass auf die Station erhalten. Aber sie sind einfallsreich. Yolande und Michel haben mir beispielsweise Joghurt mitgebracht. Was für eine ausgezeichnete Idee! Wenn man davon absieht, dass ich den Becher noch nicht »aufgegessen« hatte, als sie wieder gingen. Gute zwei Stunden brauchte ich, um alles zu schlucken. Ein echter Kampf! Früher wäre das mit ein paar Löffeln aus dem Becher erledigt gewesen …

Schließlich stellt sich ein Fortschritt ein, der in meinen Augen und vermutlich auch in denen meiner Freunde und Verwandten sehr wichtig ist: Ich sehe immer weniger wie eine Hexe vom Blocksberg aus. So wie mein Gehör verbessert sich auch mein Sehen. Ray kauft mir eine Brille. Nun muss nicht mehr ein Auge abgeklebt werden, sondern nur noch ein Brillenglas. Es ist gewiss nicht die schönste Brille, aber ihr verdanke ich es, dass ich nicht mehr so hässlich bin.

26

»Ich liebe dich«

Wo ist es nur, dieses Heft? Ach, hier unter der Bettdecke liegt es ja. Ich habe immer Angst, es zu verlieren. Selbst als ich anfangs noch sehr schlecht sehen konnte, wollte ich es ganz dicht bei mir haben.

Als Ray es mir anvertraute, konnte ich noch gar nichts von seinen Notizen lesen. Das nicht verklebte Auge war nicht in der Lage, die handgeschriebenen Worte zu entziffern. Vielleicht war das gut so ... Ja, es war sogar besser so, denn ich brauchte Zeit. Ich musste erst zu Kräften kommen, bevor ich mir seine Aufzeichnungen ansah.

Es war nicht leicht, Rays Worte zu lesen.

Sogar jetzt noch – und ich denke, es wird immer so bleiben – gerate ich in einen Strudel von Emotionen, wenn ich zum tausendsten Mal lese, was er diesen karierten Seiten anvertraut hat.

Es enthält puren emotionalen Sprengstoff, dieses grüne Heft.

Trotz seines zurückhaltenden Stils drückt es ganz fürchterlich auf die Tränendrüsen. Es erschreckt mich und zieht mich doch gleichzeitig in seinen Bann. Die Auseinandersetzung mit diesen Aufzeichnungen muss sein, sie ist ein notwendiger Bestandteil einer eventuell möglichen Rückkehr zur »Normalität«. Ich stelle mir vor, dass die Tränen und der Schweiß das

Innere reinigen. Wenn das der Fall ist, so war ich nie so rein und sauber wie in diesem Augenblick.

So, jetzt wappne ich mich. Mutig schlage ich das Heft auf.

Mein Blick verweilt auf Rays Schrift.

Ich lese jetzt ohne Schwierigkeiten, was dort steht. Allerdings kenne ich die Worte inzwischen ohnehin auswendig.

In dem Heft hat mein Mann nicht nur die Entwicklung meines Zustandes festgehalten, sondern auch die Höhen und Tiefen seiner eigenen seelischen Verfassung.

Hier einige Auszüge aus dem, was er geschrieben hat, als wir nicht miteinander kommunizieren konnten:

»Heute ist der zehnte Tag im Koma. Mit solchen Situationen rechnet man einfach nie. Erst wenn so etwas tatsächlich eintritt, begreift man, was es heißt zu leben.«

»Ich habe nichts getan, ich habe nichts erreicht. Ich habe einfach nur die Krankheit meiner Frau ertragen.«

»Um 8.30 Uhr heute Morgen hatte ich einen Zusammenbruch. Ich ertrage diese Situation nicht mehr. Ich fühle mich so allein. An wen soll ich mich mit meinen Sorgen und meiner Einsamkeit wenden? Es gibt niemanden, der mir eine Stütze sein könnte.«

»Was für ein Glück es bedeutet, gesund zu sein ...«

»Ich lebe von einem Tag zum nächsten. Ich lenke mich ab, so gut es geht, arbeite so viel wie möglich. Und wenn ich etwas geschafft habe, dann verpufft der Erfolg ganz schnell, und ich bin wieder traurig, weil ich ihn nicht mit der Frau teilen kann, die ich liebe.«

»Zum Glück ist meine Tochter hier. Ihr Mut ist mir ein großer Rückhalt. Dank ihrer Gegenwart gelingt es mir, die Fassung zu bewahren.«

»Ich weiß, dass man manchmal seinen eigenen Kummer hinter sich lassen und dem Leben vertrauen muss. Wenn ich mich heute verletzlicher und schwächer fühle als sonst, so glaube ich morgen vielleicht schon wieder, Berge versetzen zu können …«

Für heute soll es damit genug sein. Mit dieser ebenso trotzigen wie positiven Einstellung beende ich meine Lektüre und trockne meine Tränen …

Besonders rührt mich die Aufrichtigkeit von Rays Niederschriften. Ob er mir in irgendeiner Form böse ist? Ich fühle mich in gewisser Weise schuldig, ihm das alles zuzumuten … Mir ist klar, dass ich dieses Schuldgefühl bekämpfen muss: Natürlich kann ich nichts für das Schicksal, das uns getroffen hat. Weder ich, noch er. Niemand? Wer ist schon schuld? Die Ärzte? Das Schicksal, der Zufall? Wenn mich die Mutlosigkeit packt, dann mache ich es wie mein Mann: Ich versuche mit allen mir verbliebenen Kräften, sie zurückzudrängen.

Die Verzweiflung kann sich bei mir nicht einnisten, denn sie findet in meinem Charakter keinen guten Nährboden. Es liegt nicht in meinen Genen, so leicht aufzugeben. Ich möchte nur nach vorn blicken und die möglichen Fortschritte im Auge haben. Ich beklage mich nicht über das, was ich verloren habe, sondern versuche herauszufinden, was ich gewinnen kann. Ich finde keinen Gefallen an finstersten Ausblicken. Finsteres kenne ich bereits zur Genüge – jetzt interessiert mich nur noch das Licht.

Meine Energie regeneriert sich wie eine aufladbare Batterie. Ich bin entschlossen, den Kampf aufzunehmen.

Ich will auch alles aufschreiben! Dieses Vorhaben ist viel mehr als nur ein Wunsch, es ist ein Bedürfnis. Ray hatte den guten Einfall, eine kleine Tafel zu kaufen. Keine schwarze Tafel mit weißer Kreide wie zu unseren Schulzeiten, sondern eine moderne Tafel mit dazugehörendem Filzstift. Meine Besucher nutzen sie, um mit mir zu »sprechen«, anstatt sich ganz nah an mein Ohr zu beugen. Und ich nutze sie, um die Beweglichkeit meiner Hand zu trainieren.

Das ist eine sehr große Herausforderung. Es fällt mir noch sehr schwer, meine Haltung und meine Bewegungen zu kontrollieren. Dennoch konnte Ray die paar Worte sofort entziffern, die ich ein paar Tage, nachdem er mir die Tafel mitgebracht hatte, für ihn geschrieben habe. Meine einfache Botschaft auf dieser Tafel wird einer der romantischsten Augenblicke unserer gemeinsamen Geschichte bleiben.

Ohne lange nachzudenken, hatte ich die Worte niedergeschrieben, oder besser -gekritzelt.

Als er mir die Tafel aus der Hand nahm, wurde ich rot wie ein Schulmädchen. Und als ich begriff, dass er meine Worte tatsächlich hatte entziffern können, übermannten uns unsere Gefühle auf das Wunderbarste.

Das Gekritzel war lesbar, weil seine Aufrichtigkeit es lesbar machte.

Weil es ein Aufschrei war. Eine Notwendigkeit. Eine Offensichtlichkeit. Weil mein Herz meine Hand geführt hatte.

»Ich liebe dich, mein Liebster.«

Wie ein Schulmädchen hatte ich diese schlichten, aber zugleich so wohltuenden Worte auf die Tafel geschrieben. Und wie ein Schuljunge staunte Ray etwas unbeholfen, als er sie sah. Aber diese Verwirrung währte nur kurz. Er genoss den

Augenblick und war doch sogleich wieder ganz er selbst: der starke, ruhige und aufmerksame Mensch, der Fels, dessen Halt ich mehr denn je brauche, um nicht abgetrieben zu werden.

So wie ich auf der Tafel etwas festhalten kann, möchte ich dies jetzt auch gern in dem Heft tun.

Mein Geist läuft auf Hochtouren. Immer wieder sage ich mir: »Das gibt es doch gar nicht. Das muss ich unbedingt aufschreiben.«

Mit meinen Gedanken verhält es sich wie mit meinen Tränen: Sie haben sich so in meinem Innern aufgestaut, dass ich sie unbedingt nach außen fließen lassen muss. Aber ich bin noch zu ungelenk; der Stift fällt mir aus den Händen, und meine Worte sind unleserlich.

Ich möchte warten, bis ich allein bin, um diese Versuche fortzusetzen. Man hat aber in einem Krankenhauszimmer nie die Gewissheit, lange seine Ruhe zu haben. Unglücklicherweise betritt eine Person das Zimmer, als ich mich gerade mit meinem Blatt herumschlage. Und unglücklicherweise spricht sie mich gleich an und stellt mir Fragen.

Eine Krankenschwester wirft mir lachend zu:

»Das sieht ja ganz so aus, als würden Sie einen Roman schreiben, Madame Lieby!«

Ich kann ihr nicht antworten, dass ihre Vermutung gar nicht so falsch ist, wie sie denkt. Ein Roman ist es zwar nicht, aber ein Buch könnte es werden, warum nicht.

Da sie weiß, dass ich das Gespräch nicht fortführen kann, ergänzt sie noch:

»Ach wissen Sie, es gibt so viele, die ein Buch schreiben wollen …«

Zwischen den Zeilen will sie mir wohl bedeuten: Träumen

Sie ruhig! Zum Glück bin ich in der Lage zu träumen! Natürlich träume ich, genau wie jeder andere! Der Traum ist eine notwendige Ergänzung der Wirklichkeit. Er ist nicht nur notwendig, um sie zu ertragen, sondern auch, um sie zu erhöhen. Träumt man nicht, dann kommt man nicht voran. Träumen heißt auch, ein Ziel zu verfolgen. Es bedeutet, den *Status quo* nicht hinzunehmen, und das ist in meinem Fall die Unbeweglichkeit.

Die Krankenschwester rückt mich im Bett wieder zurecht, ganz so, wie es sich gehört. Ich komme mir ein wenig vor wie ein Kind, das man ermahnt, jetzt aber sein Spielzeug wegzulegen, um endlich einzuschlafen. Sie errichtet einen straffen Wall von Kopfkissen um mich herum, in dem ich schließlich so feststecke, dass ich absolut nicht mehr in der Lage bin, irgendetwas zu schreiben.

Und jetzt ist dieses verflixte Heft auch noch verschwunden …

27

Kleine Misslichkeiten

Wenn meine Enkelinnen mich so sähen! Wie ein Kleinkind sitze ich auf dem Topf. Genauso. Nur gelingt es dem Kleinkind, allein wieder aufzustehen, mir aber nicht.

Selbst wenn er mich zu einem unselbstständigen Kleinkind macht, selbst wenn er alles andere als bequem und wirklich kein hübscher Anblick ist, ist es mir wichtig, diesen Toilettenstuhl zur Verfügung zu haben. Es ist der einzige auf der ganzen Station, und wenn ich nach ihm verlange, muss ich warten. Er muss nicht nur frei sein, sondern auch vor erneutem Gebrauch desinfiziert werden.

Ich versuche, ihn zu bestimmten, festen Zeiten zu erbitten. Die künstliche Harnableitung und der künstliche Darmausgang wurden mir bereits entfernt. Letzteren musste ich nicht lange ertragen: Er hat wohl so gut funktioniert, dass die Mediziner Angst bekamen, ich könne zu sehr abnehmen. Also modifizierten sie die Nahrung, die ich über die Gastrostomie zu mir nahm. Und von diesem Augenblick an begannen meine Verdauungsprobleme. Von diesem Augenblick an wurde ich mit diesen kleinen Missgeschicken unserer menschlichen Natur konfrontiert. Kühne Träume und harsche Ernüchterung liegen so nahe beieinander! Geistige Höhenflüge auf der einen Seite, profane Verdauungsprobleme auf der anderen …

Ich blähe mich auf wie ein Schlauch. Vergeblich ziehen sich

meine Gedärme zusammen. Die Krämpfe sind so schmerzhaft, dass ich mich oft übergeben muss und in Tränen ausbreche. Dann drücke ich auf den Alarmknopf, drücke ihn immer wieder, und immer wieder habe ich unerträgliche Bauchschmerzen. Die Ärzte verschreiben mir neue Medikamente und Paraffinöl. Ich glaube, dass ich mich jetzt entleeren kann, rufe wieder um Hilfe – beeilt euch doch! … Aber nein, die Pflegerin versichert mir, dass nichts Beunruhigendes im Gange ist. Ich habe fürchterliche Verstopfung – und fühle mich hundeelend.

Die Redewendung »Wie geht es?« bezieht sich für mich nur noch auf den Verdauungstrakt. Nichts anderes hat mehr Bedeutung. Wenn auf dieser Ebene alles in Ordnung ist, dann ist rundum alles in Ordnung. Dann geht einfach alles gut. Aber was mich betrifft, so geht überhaupt gar nichts mehr! Ich träume von einem einsamen Ort, an dem ich mich ganz und gar entleeren kann.

In Wirklichkeit gilt für meinen Darm das Gleiche wie für den ganzen Körper: Er wacht aus einem sehr tiefen, jäh über ihn hereingebrochenen Schlaf wieder auf. Und genau wie die Muskeln meiner Beine oder Arme braucht auch er Zeit, um sich wieder an eine normale Funktionsweise zu gewöhnen. Wie alles andere wird auch die Verdauung mit der Zeit besser klappen.

Unterdessen kommen zu den großen natürlich auch immer wieder kleine Wehwehchen: Infektionen, eine Ohrenentzündung, ein ausgerenktes Kiefergelenk, ein Kotstein usw. Ist ein Problem beseitigt, taucht schon wieder ein anderes auf. Der menschliche Organismus hält ein unerschöpfliches Repertoire an kleinen und großen Misslichkeiten bereit!

28

Der Rückfall

»Fertig?«

Ich verkrampfe mich.

»Dann geht es jetzt los! Eins, zwei, drei …«

Ratsch!

Puh! Der Schmerz hallt in mir nach wie die Schwingungen einer Glocke nach dem eigentlichen Schlag. Aber der Pfleger hat seine Arbeit recht gut geschafft. Mir ist es lieber, wenn ein kräftiger Mann dies macht und nicht eine unerfahrene, junge Person, denn man darf nicht lange zögern: Die in meinen Hals eingeführte Kanüle muss mit einem kurzen, entschlossenen Ruck hinausgezogen werden. Das mag barbarisch klingen, aber ich habe mich an dieses Verfahren gewöhnt. Die Vorgehensweise ist immer die gleiche: Der Pfleger saugt Sekret ab, zieht die Kanüle heraus, saugt noch einmal und setzt dann eine neue Kanüle ein.

Aber heute ist der große Tag gekommen: Es wird keine neue Kanüle eingesetzt werden. Das Loch wird offen bleiben – die Haut soll wieder zusammenwachsen und heilen. Der Luftröhrenschnitt liegt ein für allemal hinter mir. Etwa dreieinhalb Monate hatte ich mit ihm (und durch ihn) gelebt. Ist das lang oder kurz? Vom medizinischen Standpunkt aus vermag ich das nicht zu sagen. Aber aus meiner persönlichen Sicht kommt mir alles, was ich hier erlebt habe, wie eine Ewigkeit vor. Heute Morgen fühle ich mich endlich einmal unbeschwert. Auch der Anblick des tristen, weiß getünchten Krankenhauszimmers kann meine freudige Stimmung nicht trüben. Heute Morgen gehen mir immer wieder dieselben Worte im Kopf herum. Worte, die ich einerseits nicht klar und deutlich zu denken und zu glauben wage, die aber andererseits hartnäckig in meinem Kopf herumgeistern. Worte in feierlichem Tonfall: »Ich bin gerettet, ich bin gerettet ...«

Ein einfaches Heftpflaster wird auf meinem Hals befestigt, und alles ist vorüber. Ich stecke zwar immer noch hier fest, aber ich bin jetzt viel freier.

Auf meiner Odyssee ins normale Leben zurück, muss ich noch große Fortschritte bei der Absonderung von Sekret machen. Es droht immer eine Art innerer Sekretstau. Dieser kann zu einem Erstickungsgefühl samt der damit einhergehenden, furchtbaren Schweißausbrüche führen. Es mag nicht gerade fein klingen, aber um auf ein normales Leben zu hoffen, muss ich unter Beweis stellen, dass ich ausspucken kann ...

Dabei hilft mir ein Gerät, das wie ein kleines elektrisches Haushaltsgerät aussieht: der Inhalator. Noch bevor die Kanüle entfernt wurde, haben wir dieses Gerät bereits zum Einsatz gebracht. Der Inhalator wurde auf den Schlauch in meinem Hals aufgesetzt und hat dann Dämpfe in meine Lungen geblasen, was mir unmittelbar Erleichterung verschaffte. Meine freilich noch geringen Fähigkeiten der Sekretabsonderung mit Hilfe des Inhalators haben einen solchen Fortschritt bewirkt, dass mein treues Beatmungsgerät, dieser »›Rolls Royce‹ unter den Beatmungsgeräten«, nun bei einem anderen hilflosen Menschen seinen Platz einnehmen kann.

Jetzt sind bereits vier Tage vergangen, seit die Kanüle entfernt wurde. Unter dem Pflaster hat sich das Loch in meinem Hals vielleicht sogar schon geschlossen. Aber ganz tief in mir lauert immer noch die Angst, nicht dauerhaft ohne das Beatmungsgerät leben zu können. Ist das nur ein psychologisches Problem? Ich bin mehr und mehr überzeugt von dieser Befürchtung, und sie blockiert mich Tag für Tag mehr. Es fällt mir immer schwerer zu atmen, gerade so, als hätte ich eine schwere Erkältung.

Der Arzt verordnet mir daher drei Behandlungen mit dem Inhalator. Eine hervorragende Idee! Ich freue mich darüber. Nicht im Entferntesten kann ich mir vorstellen, dass ich die nun folgende Zeit später als eine besonders traumatisierende Phase meiner Krankheit sehen werde ...

Das Ansatzstück des Gerätes wird in meinen Mund geschoben. Die erste Behandlung findet an einem Nachmittag statt. Sie dauert eine knappe Stunde – so lange braucht es, bis die Flasche leer ist. Die Wirkung ist deutlich, ich fühle mich besser. Freier, gerade so, als hätte ein Windstoß die Wolken in meinem Innern fortgeblasen.

Die zweite Behandlung ist für den Abend vorgesehen. Wieder wird das Ansatzstück platziert, und ich sinke vertrauensvoll in einen leichten Dämmerschlaf ... Bis ich erschreckt die Augen wieder öffne. Misstrauen packt mich: Das Gerät verschafft mir keineswegs die Erleichterung, die ich erwartet hatte. Ich habe den Eindruck, dass es die Dämpfe eher auf meinen Oberkörper und nicht in die Bronchien pumpt. Es wirkt beinahe so, als gelangte nur Luft und keine Feuchtigkeit dorthin ... Ja, genau so ist es auch: Mein Nachthemd ist vorne ganz nass. Der Inhalator leitete die Flüssigkeit nicht in mich hinein, sondern sie ist auf meinen Bauch geflossen!

Ich mache die Krankenschwester, die mir den Inhalator abnimmt, auf das Problem aufmerksam, aber sie hört mir nicht richtig zu. Sie ist rasch wieder verschwunden. Und ich bekomme erneut sehr schlecht Luft. Genauso schlecht wie vor der ersten Behandlung, vermutlich sogar noch schlechter. Sehr schnell stellt sich jetzt auf verschärfte Weise bei mir das Gefühl ein, ich würde von innen austrocknen. Diese Angst hatte ich während meines Krankenhausaufenthaltes immer wieder verspürt.

Ich schlafe praktisch im Sitzen, denn das Liegen scheint mir hochgradig gefährlich. Ich falle in einen Dämmerschlaf, während ich mir einrede: »Morgen wird alles besser gehen ... Morgen wird man alles in den Griff bekommen ... Morgen ist ein anderer Tag ...«

Das »Morgen« beginnt im Krankenhaus um 6 Uhr. Zu dieser Uhrzeit findet der Stationswechsel statt, und alles beginnt neu. Die Pflegerinnen werden sich um mich kümmern, da bin ich sicher.

Das Gefühl zu ersticken hat sich verstärkt. Das Ausatmen wird zu einer immer größeren Anstrengung. Ich beginne diesen Tag äußerst erschöpft.

Nach den normalen Zuwendungen wird der Inhalator für die dritte Behandlung vorbereitet. Die Krankenschwester heißt Estelle. Sie ist schon deutlich sichtbar schwanger und wird bald in den herbeigesehnten Mutterschutz gehen.

Ich mache sie auf meine Probleme aufmerksam:

»Ich kann nur sehr schlecht atmen!«

»Aber das wird mit diesem Teil gleich sehr viel besser werden.«

»Ja, aber achten Sie darauf, dass alles richtig sitzt! Gestern Abend war es nicht in Ordnung.«

Sie ist erstaunt.

»Das kann ich mir nicht vorstellen.«

»Machen Sie es bitte nicht so wie gestern Abend.«

»Ich mache es genauso wie meine Kollegin! Und sie hat ihre Arbeit gut gemacht.«

»Haben Sie zugeschaut?«

»Alles ist in Ordnung!«

»Es war nicht richtig gestern Abend …«

»Alles war in Ordnung! Sie müssen ruhig bleiben, das ist alles! Wir wissen schon, was wir tun, beruhigen Sie sich!«

»Ich bitte Sie, schauen Sie gut nach!«

Meine Worte sind mehr als eine Bitte, ich flehe die Krankenschwester förmlich an und spüre, wie meine Augen sich mit Tränen füllen. Ich blicke sie so eindringlich an, wie ich es vermag, aber das bleibt ohne Wirkung. Sie sieht mich nicht an und hört mir nicht mehr zu. Sie stellt das Gerät an und huscht davon – zweifellos mit dem Gefühl, ich sei eine typische Meckerziege.

Kann ich Estelle Glauben schenken? Wird der Inhalator diesmal wieder seinen gewünschten Effekt haben? Ich konzentriere mich und warte darauf, positiv überrascht zu werden … Ich hoffe auf die wohltuende Wirkung der feuchten Dämpfe, aber es geschieht nichts. Ich wusste es! Ich habe es vermutet, befürchtet – und jetzt ist es eingetreten: Wieder gelangt nur diese verfluchte warme Luft in meine Bronchien – es fühlt sich an, als würde ich innerlich austrocknen.

Erneut wird mir das Medikament nicht zugeführt. Erneut verschafft mir der Inhalator keine Erleichterung, im Gegenteil, er verschlimmert mein Unwohlsein. Dieser fremde Atem raubt mir zusätzlich Sauerstoff, und ich bekomme ja ohnehin nicht genug … Das darf doch nicht sein! Schwester Estelle muss doch in meinen Augen gesehen haben, dass das nicht sein darf …

»Beruhigen Sie sich!« – Leicht gesagt, aber nicht leicht getan. Wie soll man sich beruhigen, wenn man sich in Gefahr wähnt? Seltsamerweise gehorche ich aber. Ja, ich warte brav … und ganz ruhig. Soll ich noch einmal klingeln? Warum denn? Das Medikament ist mit Sicherheit wieder auf meinen Oberkörper geflossen …

Ich fühle mich mutlos. Warum soll ich meckern, aufbegehren oder mich beklagen? Warum soll ich mich wehren? Es wird irgendwann einfach besser werden, oder nicht?

Die Krankenschwestern kommen erneut zu mir. Der Infusionsbeutel ist leer, also hat alles geklappt. Eine Frau nimmt mir den Inhalator wieder ab, und ich werde in den Sessel gesetzt. Mit viel Umsicht stopfen sie Kissen in meinem Rücken und an den Seiten fest … So, jetzt ist alles wunderbar, Madame Lieby. Es könnte gar nicht besser sein!

Den Kissen schenken sie mehr Aufmerksamkeit als mir. Die Krankenschwestern bemerken nicht, dass ich kraftlos und apathisch bin. Es stimmt niemanden misstrauisch, dass ich gar keine Körperspannung mehr habe. Vollkommen in mich gekehrt verharre ich schweigend und matt. Wut und Resignation halten sich die Waage. Jetzt stehen mir wieder mehrere Stunden bevor, in denen ich nicht normal atmen kann.

Ich ergebe mich in mein Leid.

Erneut packt mich ein Gefühl ohnmächtiger Ratlosigkeit, wie ich es zu Beginn dieser Geschichte, als ich noch in meinem eigenen Körper gefangen war, so oft empfand:

Warum werde ich in einem Krankenhaus misshandelt? Welche absurden Verkettungen sind daran schuld? Welche Logik führt dazu, dass ich an einem Ort, der sich eigentlich der Heilung verschrieben hat, so leiden muss? In der Zeit nach meiner vollkommenen Lähmung hatte ich bereits einige sehr schwere Augenblicke durchgemacht. Aber ich war wenigstens sicher, dass diese Leiden einen Nutzen hatten, dass sie notwendige Schritte auf dem Weg zur Besserung meines Zustandes waren. Meine kleinen, aber kostbaren Fortschritte bestätigten das schließlich. Ich war überzeugt, dass die Zeit der überflüssigen Quälereien endgültig vorbei sei. Dass sie nur noch eine Erinnerung waren. Aber ich habe mein Quantum an sinnlosen Schmerzen noch nicht ausgeschöpft.

Es kommt jemand. Eine Krankenschwester? Nein, es ist eine Putzfrau.

Sie fegt den Boden des Zimmers. Ich nehme wahr, dass unter meinem Bett etwas fortrollt. Sie hebt einen Gegenstand auf.

Nervlich und physisch vollkommen erschöpft liege ich einfach nur apathisch da, aber bei dem Geräusch schießt mir blitzartig ein Gedanke durch den Kopf:

»Das ist ein Stück des Inhalators! Deshalb funktioniert er nicht!«

Sie steckt den Gegenstand in die Tasche ihres Kittels.

»Geben Sie mir das Ding, ich will es den Schwestern zeigen!«

»Oh nein, das darf ich nicht.«

»Dann sagen Sie ihnen Bescheid! Bitte! Deshalb geht das Gerät nicht ...«

»Ich werde es ausrichten.«

Sie beendet ihre Arbeit und geht weiter. Alles ist sauber, alles ist in Ordnung. Nur ich nicht ...

Ich höre, wie die Frau auf dem Flur spricht. Haben sie ihr zugehört? Es ändert sich nichts, niemand kommt zu mir. Die Luft wird jetzt so knapp, als steckte mein Kopf in einer Plastiktüte. Ich huste und röchele. Ich ersticke an den Tränen der Verzweiflung. Das ist doch nicht möglich! Man kann mich doch nicht so im Stich lassen! Nicht noch einmal. Nicht noch einmal kann man mich auf diese Weise allein der Verzweiflung überlassen wie zu der Zeit, als ich in meinem eigenen Körper gefangen war, oder als ich die ersten Stunden auf dem Sessel verbrachte ... Ich habe sehr viel gekämpft, aber meine Kraft, das erkenne ich jetzt, ist nicht grenzenlos. Diesmal bin ich am Ende. Ich gebe auf. Bin verzweifelt. Ich bekomme keine Luft mehr.

Ich fühle, wie ich wegdrifte. Dieses Mal wirklich ...

»Madame Lieby! Madame Lieby!«

Wer ruft mich da? Von ganz fern dringen die Worte zu mir. Gleich einem Schatten im Nebel.

Es ist eine Physiotherapeutin.

Sie rüttelt mich. Ich bin vermutlich blau angelaufen, vollkommen blau ...

»Madame Lieby, können Sie mich hören?«

Sie drückt mir auf den Bauch, verschwindet und kommt auch schon wieder zurück.

Wieder spricht sie mich an, und wieder läuft sie weg.

Bereits in Alarmstimmung ruft sie nun erschreckt aus:

»Aber was ist denn hier los?«

Es ist kurz vor der Mittagszeit und damit auch kurz vor dem Schichtwechsel. Zu diesem Zeitpunkt sollten sich die Patienten keinesfalls bemerkbar machen, und obendrein ist auch noch Wochenende.

Die Physiotherapeutin hat die Mediziner zwei- oder dreimal angerufen. Warum schenken sie ihr kein Gehör? Warum erkennen sie den Ernst der Lage nicht? Endlich setzen sie sich in Bewegung! Sie betreten mein Zimmer, und nun beeilen sie sich. Zu dritt oder viert heben sie mich eilig aus dem Sessel, als sei ich eine Puppe, und legen mich aufs Bett.

Ich komme ein wenig mehr zu mir, denn ich bin immerhin in der Lage, den »kleinen« Intensivmediziner unter ihnen auszumachen. Er sieht fast wie ein Raumfahrer aus, denn er hat seine Operationskluft übergestreift. In den Händen hält er einen langen Schlauch, den er mir in die Nase schiebt.

»Wir müssen den Luftröhrenschnitt wieder öffnen ...«

Mit letzter Kraft versuche ich, mich dagegen zu wehren.

»Nein! Ich will nicht ... ich will nicht!«

Ich befinde mich in einem halb-komatösen Zustand. Sie sind offenbar bereits dabei, mir Medikamente zu verabreichen, damit ich einschlafe. Wie viele Personen stehen um mich herum? Ich glaube, auch Ray zu sehen oder zu hören, und zum ersten Mal, zum ersten und einzigen Mal in meinem Leben sage ich zu ihm:

»Geh weg!«

Ich bin am Ende. Ich glaubte, alle Hürden genommen zu haben, dabei bin ich in Wirklichkeit am Ende des Weges angekommen. Ich empfinde es ganz intensiv, und es ist ein schreckliches Gefühl: In diesem Augenblick kann ich nicht mehr und habe genug von allem. Wirklich. Ich will sterben. Ich kann nicht mehr, etwas anderes ist nicht mehr möglich. Ich will, dass alles aufhört, denn es wird sich niemals ändern. Es wird immer so weitergehen. All diese Tiefschläge. All diese Augenblicke der Hoffnung. All diese Prüfungen. All diese Anstrengungen. Ich wollte es so gern schaffen. Ich wollte so gern, dass alle glücklich sind! Und jetzt, zu einem Zeitpunkt, zu dem man wirklich daran glauben konnte ...

Das hier ist nicht nur ein Rückfall, es ist ein ganz tiefer, endgültiger Fall. Und warum? Wegen einer Unachtsamkeit, eines lächerlichen Umstands ... Ist das Schicksal? Und was soll man gegen das Schicksal tun? Ich kann und will nicht mehr kämpfen. Ich habe alles gegeben, das schwöre ich, aber jetzt kann ich nicht mehr. Ich glaubte, dass ich all das Leid verdrängt hätte, aber das stimmt nicht: Alles Leid, das ich seit Mitte Juli erfahren habe, ist noch da, tief in mir verankert. Und in diesem Augenblick werden all diese Schmerzen wieder wach und überwältigen mich: die Nasenspülungen, die Brustwarzentests, das Sitzen in dem Sessel, das Gefangensein ... Sie werden erneut wach, sie übermannen mich alle gleichzeitig, um mir den Todesstoß zu versetzen. Noch einmal fallen sie über mich her, um mich nun endgültig niederzuringen.

Erneut wird mein Hals aufgeschnitten. Ich spüre, wie das Skalpell über meine Haut fährt. Der Schmerz ist heftig, aber ich kann ihm keinen Ausdruck verleihen: Ich fühle, wie ich in dieses »Koma« gleite, das mich die schlimmsten Qualen gleichgültig ertragen lässt.

Es kann doch nicht noch einmal alles von vorn beginnen! Das darf nicht sein! Sie wollen mich wieder an das Beatmungsgerät anschließen. Aber nein, sie haben nichts begriffen … Anschließen, abschalten, erneut anschließen … Stop! All das ist lächerlich. Sie hätten im Juli einfach alle Geräte abschalten sollen. Ein für alle Mal. Ja, sie hatten recht, diese Schlauberger, die mein Ende vorausgesagt haben. Ich gebe es jetzt zu: Es bringt nichts, sich hartnäckig dagegen aufzulehnen.

29

Im Widerstand

Ich wache auf.

Und ich habe die Bestätigung, dass mein Albtraum tatsächlich wahr geworden ist.

Wieder bin ich stumm, wieder steckt eine Kanüle in meinem Hals, wieder ist mein Hals wie zugeschnürt, angeleint an den Schlauch des Luftröhrenschnittes.

Anstatt mich zu begrüßen, fährt mich eine Krankenschwester tadelnd an:

»Vorsicht, Madame Lieby. Hören Sie auf zu atmen! Sie dürfen nicht mehr ausatmen!«

Nicht mehr ausatmen, wie soll das gehen? Ach ja, das übernimmt doch jetzt wieder das Beatmungsgerät ... Zuerst musste ich neu und sehr mühsam wieder lernen, selbst zu atmen, und jetzt soll ich diesen überlebenswichtigen Reflex auf brutale Weise wieder abstellen. Wie ich schon sagte, es ist eine Geschichte von Verrückten.

Neben einer abgrundtiefen Mutlosigkeit verspüre ich jetzt auch noch ein enormes Schuldgefühl. Ich weiß zwar genau, dass dieses Gefühl jeder Berechtigung entbehrt, aber ich hadere unablässig damit, immer noch in einem solchen Zustand zu sein. Ich mache mir Vorwürfe wegen Ray und Cathy. Ich stelle mir ihre Enttäuschung vor und will gar nicht daran denken, was sie empfunden haben, als sie von meinem Rückfall hörten.

Ray ist jetzt gerade bei mir. Er lächelt mich an, streichelt meine Hand, meine Wange, mein Haar. Er sagt, dass alles gut werden wird, dass dies nur ein unglücklicher Zufall war, dass ich mich ausruhen muss und bald wieder Fortschritte machen werde. Er versichert mir, dass dieses verflixte Gerät schon bald wieder verschwinden wird und dass es daran überhaupt keinen Zweifel gibt ...

Was er mir nicht sagt, ist, dass er kurz zuvor auf dem Gang mit dem »Großen« gesprochen hat. Er hat ihn gefragt, wie lange ich die Tracheotomie noch benötigen werde. Und Ray sagt mir nicht, dass der darauf geantwortet hat:

»Ach, wissen Sie, manche Menschen behalten sie ihr ganzes Leben lang. Es gibt auch kleine, tragbare Modelle!«

Klein oder groß, praktisch oder nicht, hübsch oder hässlich, das ist mir vollkommen egal! Wenn für mich irgendetwas feststeht, so ist das Folgendes: Ich werde nicht mit einem Beatmungsgerät nach Hause gehen. Lieber gehe ich gar nicht mehr nach Hause. Von Anfang an war mein Denken ganz fest darauf ausgerichtet: Ich werde in dem Zustand wieder nach Hause kommen, in dem ich von dort aufgebrochen war. Nur ein Zugeständnis werde ich dabei gerne machen: Im gleichen Zustand, aber möglichst ohne die Kopfschmerzen ...

Jetzt taucht der »Große« am Fußende meines Bettes auf:

»Nun, Madame Lieby, was haben Sie denn nur angestellt?«

Sie haben die Kanüle gewechselt, sodass ich jetzt sprechen kann. Aber ich habe eigentlich nichts zu sagen. Er will tatsächlich wissen, wie das alles kommen konnte. Dabei müssten sie es besser wissen als ich! In meinem Kopf wirbeln Bilder und Gefühle durcheinander. Noch bin ich nicht in der Lage, auseinanderzuhalten, was der Wirklichkeit und was meinem

Delirium zuzurechnen ist. Erst ein wenig später bringe ich etwas Klarheit in meine Gedanken. Ich erinnere mich an die Episode mit dem unter dem Bett gefundenen Teil des Inhalators. Das müssen sie wissen, denn es ist wichtig.

Ich bitte die Krankenschwester, die Ärzte zu rufen.

Sie kommen alle beide, der »Große« und der »Kleine«.

Ich erzähle ihnen die Geschichte.

»Von welchem Teil sprechen Sie?«, will einer von ihnen wissen.

»Du weißt schon, dieses Ding!«, antwortet der andere.

Sie sehen einander an, drehen sich wortlos um und verlassen mein Zimmer wieder. Das war nicht die Erklärung, auf die ich so begierig gewartet hatte. Immerhin haben sie begriffen, was ich sagen wollte. Das ist schließlich die Hauptsache …

Kurz darauf kommt der »Große« noch einmal zurück und sagt zu mir:

»Denken Sie an etwas Erfreuliches! Vergessen Sie diese Geschichte. Sie sind wiederhergestellt, das ist das Wichtigste!«

»Nein, niemals werde ich das vergessen!«

Ich denke noch einmal an Estelle, die Krankenschwester. Ich wünsche ihr nichts Böses, aber ich hoffe, dass sie niemals vergessen wird, wie flehentlich meine Augen sie angesehen haben!

Meine Erholung schreitet nun aber wieder voran.

Der Rückfall war vor allem moralischer Natur, und ich muss nicht ganz von vorn anfangen. Ich steige ungefähr da wieder in die Rehabilitation ein, wo ich aufgehört hatte. Tag für Tag gewöhne ich mich besser an die Nahrung, an das Sprechen, an die Schleimausscheidung, an die Schritte auf dem Gang. Und an die Atmung: Die ersten Nächte verbringe ich zwar mit der Hilfe des Beatmungsgeräts, an das man mich zwangsweise wieder angeschlossen hat, aber ich bestehe darauf, dass man mich davon befreit, sobald ich Besuch habe. Nur so kann ich das Sprechen üben. Auch das Gehen auf dem Gang habe ich wieder aufgenommen. Es klappt mittlerweile so gut, dass ich auf der Intensivstation ein höchst seltsames Bild abgebe, denn hier versuchen die Patienten eigentlich nicht zu laufen, zu kauen, zu sprechen – sie versuchen schlicht und ergreifend, nicht zu sterben.

An einem schönen Novembertag besucht mich schließlich eine Gruppe von Spezialisten. Ein ganzer Trupp marschiert auf, etwa zehn Personen. Ich kann nicht umhin zu denken, dass sie mich beeindrucken wollen.

Mitten unter ihnen ist auch der Chef der Intensivstation. Der Professor verkündet mit einem breiten Lächeln, das sogleich, als sei es Zauberei, auch auf den Gesichtern seiner Begleiter erscheint:

»Heute ist ein sehr schöner Tag, Madame Lieby! Wir haben eine großartige Neuigkeit für Sie!«

Ich antworte nicht, sondern warte ab. Ich gehöre nicht zu den Menschen, die sich auf Befehl freuen.

Also fährt der Chefarzt fort:

»Wir haben eine Kur für Sie ausfindig gemacht! Im medizinischen Zentrum von Saales. Sie werden uns also bald verlassen!«

Saales? Ich weiß sehr gut, wo das liegt. Es ist ein ganz reizender Fleck in den Vogesen. Und Ray und ich mögen die Vogesen sehr. Aber gerade das ist es: Saales liegt mitten in den Bergen. Weit weg von der Stadt, und im Winter bei Eis und Schnee oft schwer zu erreichen. Wie sollte Ray dort jeden

Tag hinkommen? Wie gelangen meine Freunde dorthin? Ich werde keinen Besuch mehr haben. Nein, das geht nicht, ich kann nicht nach dort oben ins Exil gehen.

Nun muss ich zugeben, dass diese »großartige Neuigkeit« mir schon vorher zu Ohren gekommen war und ich also Zeit hatte, darüber nachzudenken. Ich konnte mich auf diese »frohe Botschaft« vorbereiten und habe bereits ungestört meine Entscheidung getroffen.

»Nein.«

»Wie, nein?«

»Nein, vielen Dank. Das ist viel zu weit weg.«

Mit einem Schlag erstirbt das Lächeln auf allen Gesichtern. Ein allgemeines Stirnrunzeln tritt an seine Stelle.

»Aber Sie wollen doch nicht hierbleiben, oder?«

»Nein. Aber ich möchte eine Kur in der Nähe von Strasbourg!«

Der Professor denkt einen Augenblick lang nach, um dann einen anderen Vorschlag zu machen:

»Möchten Sie nach Hause zurück?«

»Wie soll das gehen?«

»Sie könnten eine häusliche Pflege bekommen, und das Sekret könnten Sie vor einem Spiegel sogar selbst absaugen. Das ist durchaus möglich!«

»Nein, auch das möchte ich nicht.«

»Wollen Sie denn nicht nach Hause zurück?«

»Doch, natürlich. Aber nicht so ...«

»Eine andere Lösung gibt es nicht: Entweder nach Hause oder nach Saales. Wenn einer von uns in Ihrer Lage wäre, so bliebe uns auch nichts anderes übrig, das versichere ich Ihnen!«

»Suchen Sie bitte nach einer anderen Lösung für mich.«

Der anfängliche Enthusiasmus ist nun vollkommen verflogen. Sie verlassen mich mit ernsten Mienen, da ein offenbar unlösbares Problem vor ihnen liegt.

Als Ray am frühen Nachmittag bei mir eintrifft, erzähle ich ihm die Begebenheit.

Seine Reaktion beruhigt mich. Ich spüre, dass er stolz auf mich ist:

»Das hast du sehr gut gemacht, mein Liebling.«

Wie können sie nur daran denken, uns so weit auseinanderzureißen, dass am Ende schneebedeckte Straßen zum unüberwindbaren Hindernis zwischen uns werden? Ich habe in den vergangenen Monaten unter Beweis gestellt, dass ich in der Lage bin, viel auszuhalten, aber es gibt doch Grenzen, die nicht überschritten werden sollten!

30

Ein neuer Ausblick

Ortswechsel. Wie angenehm es ist, eine Tür zu schließen und eine andere aufzumachen! Ich bin jetzt auf einer Station des Krankenhauses von Illkirch, einem südlichen Vorort von Strasbourg. Endlich ein neuer Ausblick! Auch hier werde ich ständig überwacht, aber es ist endlich eine Station, die etwas weiter von der Leichenhalle entfernt ist.

Ich bin froh, selbst wenn ich anfangs, das gebe ich zu, ein wenig enttäuscht war. Als ich die Krankenschwestern gefragt hatte, ob sie wüssten, wie das medizinische Zentrum von Illkirch aussieht, waren sie ins Schwärmen geraten: »Oh, es ist sehr schön dort! Sie werden Ihr eigenes Badezimmer haben.«

Das ist schon einmal schiefgegangen: Ich liege in einem kleinen Zimmer, das weder eine Nasszelle noch ein Fenster hat. Außerdem ist der ganze Komplex baufällig und uralt …

Aber die Enttäuschung währt nicht lange. Solche Dinge sind schließlich nicht entscheidend. Entscheidend ist nicht, wie hässlich das Gebäude, sondern wie gut die Versorgung ist. Entscheidend ist, dass ich endlich jener Welt entronnen bin, wo das Leben auf Messers Schneide steht. Mein Zimmer hat zwar keinen Ausblick, dafür herrscht in ihm mehr Leben.

Nach meiner Weigerung haben die Ärzte letztlich also doch noch eine andere Lösung gefunden als nur die Alternative, mich in die Berge oder nach Hause zu schicken. Es ist sehr wichtig, dass man im Leben »nein« zu sagen lernt und dieses Wort zumindest manchmal ausspricht.

Am 24. November treffe ich in Illkirch ein. Dieser Ortswechsel verbrieft gewissermaßen meinen verbesserten Zustand. Ich bin immer noch sehr stark behindert, aber dass es mir viel besser geht, kann niemand leugnen, vor allem ich selbst nicht. Noch besser geht es mir, weil der hier für mich zuständige Arzt kein Freund davon ist, zu viele Medikamente zu verabreichen. Bereits in den ersten Tagen verringert er die Dosierungen der Medikamente, die ich über die Magensonde zugeführt bekomme.

»Dieses Mittel brauchen Sie nicht mehr. Und dieses hier auch nicht …«

Diese »Diät« bekommt mir gut. Die Atmung fällt mir leichter. Unter all den Mitteln waren sicher auch welche, die meine Bronchien in einen schlaffen, wenig aktiven Zustand versetzten.

An Arbeit mangelt es mir hier nicht. Und das ist gut so: Wenn man nur in einem Bett liegt, macht man keine Fortschritte. Jeden Tag holt mich Jacky, der Physiotherapeut, ab. Er fährt mich im Rollstuhl zum Gymnastikraum, wo ich verschiedene Übungen ausführen muss. Ich muss beispielsweise kleine Säckchen hochheben. Das Gehen klappt mittlerweile auch schon, wenn ich mich nur noch auf seinen Arm stütze. Vermutlich würden wir beinahe wie ein altes Ehepaar wirken, wenn da nicht der Schlauch der Gastrostomie wäre, der an meiner Taille baumelt …

Ich stütze mich fest auf meinen Helfer, was wiederum zeigt, dass ich allmählich mehr Kraft in meinen Händen habe.

Er scherzt:

»Ich werde noch lauter blaue Flecken am Arm bekommen!«

Wie ein richtiger Sportler erhalte ich Spezialschuhe. Meine eigenen Sportschuhe werden vorne aufgeschnitten, damit meine Zehen frei liegen. Nur so kann man sicherstellen, dass sie gut platziert sind und nicht verkrümmt eingezwängt werden. Denn ich würde es nicht spüren, wenn sie verdreht wären. In den unteren Beinen habe ich noch keinerlei Empfindung. Meine Füße sind wie zwei ungelenkte Holzklötze. In die Sportschuhe werden spezielle Sohlen gelegt. Eine im Schuh verankerte Stütze reicht über den Knöchel hinaus und wird um meinen Unterschenkel herum befestigt, damit die Füße in der richtigen Position gehalten werden.

Ich brauche einen völlig ebenen Untergrund, sonst stecke ich fest. Aber Jacky ermuntert mich, nicht schon vor dem kleinsten Hindernis aufzugeben. Mit ihm erklimme ich die erste Stufe seit meinem Weg ins Krankenhaus. Meine Knie geben nach, ich sacke zusammen, aber er stützt mich. Und bei der zweiten Stufe wanke ich nicht mehr. Er ist stolz auf mich. Ich glaube, ich kann von mir behaupten, dass ich eine gute Schülerin bin!

Der Arzt und ich haben die gleiche Wellenlänge: Wir möchten schnell und gut vorwärtskommen. Nur eine Woche nach meiner Ankunft befindet er, dass ich ohne Tracheotomie leben kann. Zum zweiten Mal, es ist der 2. Dezember, entfernt man mir – und dieses Mal endgültig – die Kanüle. Mit einem kurzen, entschlossenen Ruck zieht die Pflegerin sie heraus, genau so, wie ich es bereits kenne.

Natürlich habe ich Befürchtungen, ganz besonders vor den ersten vier Tagen. Die Erinnerung an das Malheur mit dem Inhalator belastet mich sehr, und ich will den vierten Tag unbedingt hinter mich bringen.

»Sie werden doch die ganze Zeit in meiner Nähe sein, Herr Doktor?«

»Natürlich! Oder ist es Ihnen lieber, wenn ich fortgehe?«

Die Tage verstreichen. Jeden Morgen schaut er bei mir herein und ruft mir mit verschmitztem Lächeln zu:

»Sehen Sie, Sie sind immer noch am Leben!«

31

Rückkehr zu den Ursprüngen

Das Clemenceau! Uff, endlich, was für eine Erleichterung! Es war mein Traum, hierherzukommen! In dieses beeindruckende Gebäude am Boulevard Clemenceau in Strasbourg, unten aus hellen Quadersteinen, oben aus roten Klinkersteinen. Hinter der altehrwürdigen Vorderfront schließen moderne, funktionale Gebäudeteile an. Schon im Krankenhaus hatte ich den Wunsch geäußert, ein paar Wochen dort zu verbringen.

Dafür hatte ich mehrere Gründe. Zunächst einmal natürlich, weil diese Einrichtung kein Krankenhaus mehr ist, sondern ein Rehabilitationszentrum. Außerdem wusste ich, dass es hier ein Schwimmbecken gibt, und ich konnte den ersten Besuch dieses Beckens kaum erwarten. Obendrein liegt dieses Zentrum nicht weit entfernt von unserer Wohnung.

Und dann gibt es noch einen persönlichen Grund mit eher symbolischer Tragweite. Der Zufall will es, dass das Clemenceau genau gegenüber von einer prachtvollen Villa aus der Zeit um 1900 liegt, die ebenfalls aus roten Backsteinen erbaut ist. In diesem Haus befand sich früher ein privates Entbindungshaus mit dem hübschen Namen »Die Wiege«. Ja, und in dieser äußerst schicken »Wiege« wurde ich geboren! Um diese Anekdote abzurunden, sei noch Folgendes ergänzt: Mein Geburtstag war zugleich der Muttertag des Jahres 1952, nämlich

Sonntag, der 25. Mai. Meine Mutter wurde an diesem Tag somit reichlich beschenkt …

Diese schöne Villa ist also mein Geburtshaus. Deshalb hat es eine gewisse Logik, wenn ich das Bedürfnis verspürte, hier meine Wiedergeburt abzuschließen – in dieser Straße, in der ich nur ein paar Meter weiter meinen ersten Schrei von mir gegeben habe.

Das Clemenceau ist mein Weihnachtsgeschenk. Ich wollte unbedingt vor den Feiertagen in die Rehabilitationseinrichtung aufgenommen werden und damit die Krankenhaus-Welt hinter mir lassen. Am 9. Dezember ziehe ich hier ein, glücklich und stolz, als hätte ich die Aufnahme in eine sehr angesehene Schule geschafft. Im Übrigen herrscht im Clemenceau auch eine Art von Kameradschaft, wie man sie aus der Schule kennt. Ich treffe auf eine heterogene Welt: Frauen, Männer, Kinder, Jugendliche und Senioren sind dort untergebracht. Alle haben ein Gebrechen, und jeder trägt, vom Leben gebeutelt, ein mir unbekanntes Schicksal mit sich herum. Jeder hat auch ein unabkömmliches Hilfsmittel, seinen Fetisch, der ihn ständig begleitet: Rollstuhl, Rollator, Stock, Prothese, Orthese …

Mein Hilfsmittel war anfangs der Rollator. Auf seltsame Weise erinnert dieses Gefährt an die Einkaufswägen, die ich in meinem früheren Leben zusammenbaute – vor nicht einmal einem halben Jahr! So schließt sich der Kreis wieder. Anstatt Einkäufe zu transportieren, übernimmt nun der Wagen selbst die Führung: Ich stütze mich auf ihn und schiebe ihn durch die Flure, wo ich meinen neuen Weggefährten begegne. Es ist angenehm, wieder in Gesellschaft zu sein. Ich fühle mich wohl hier. Es ist auch gut, dass es mit der Untätigkeit ein für alle Mal vorbei ist. Ich habe keine Minute mehr für mich allein. Mein Tagesplan ist so ausgefüllt wie der eines Ministers!

Und – es ist zwar nur ein Detail, aber viel wichtiger, als es den Anschein hat: Ich laufe nicht mehr in Nachtwäsche herum. Normalerweise trage ich hier ein T-Shirt und eine Trainingshose. Das mag nicht besonders schick sein, aber zumindest bin ich jetzt wieder richtig bekleidet.

Kurz nach meiner Ankunft untersucht man bei einer ergotherapeutischen Behandlung meine körperliche Verfassung. Das Ergebnis ist ziemlich niederschmetternd: Meine Muskeln haben sich am ganzen Körper stark zurückgebildet. Nun folgt eine Aktivität auf die andere: Kneten, Schnitzen, Kochen, Wassergymnastik, Tischtennis im Rollstuhl, um meine Reflexe zu schulen … Bei diesem Programm komme ich mir fast wie im Ferienlager vor!

Durch die Beobachtung anderer Weggefährten hier im Clemenceau wird mir klar, dass ich zu den eifrigsten zähle. Freiwillig und ehrgeizig stelle ich mich den unterschiedlichen Anforderungen. Ich spüre eine unbändige Entschlossenheit in mir und kann es nicht abwarten, Erfolge zu sehen.

Dabei ist alles noch recht kompliziert: Um einen Apfelkuchen zu backen, brauche ich fast eine Ewigkeit … Und auch hier bleiben mir Schmerzen nicht erspart. Bald steht fest: Am 21. Dezember wird mir das letzte Gerät entfernt, das mich hier in der Rehabilitation – gleichsam als letztes Band – noch mit der Welt der Schwerkranken verbindet: die Gastrostomie. Seit mittlerweile zwei Wochen nehme ich bereits keinerlei Nahrung mehr über diese Sonde zu mir.

Für ihre Entfernung muss ich mich noch einmal ins Krankenhaus begeben – auf die gastroenterologische Station.

Ich bin zugleich ungeduldig und ängstlich: Der Arzt hat mir schon vorher zu verstehen gegeben, dass dieser Eingriff sehr unangenehm sein wird, da ich ein überholtes Modell erhalten hatte. In meinem Fall wird die Sonde innen nicht durch einen »Ballon« arretiert, sondern durch eine Art Schirmchen oder Krause. Die Entfernung gestaltet sich unterschiedlich: Bei einem Ballon muss nur die Luft aus diesem herausgelassen werden, um die Sonde entfernen zu können, bei einer Krause muss mit einem kräftigen Ruck an dem Außenstück gezogen werden … Ich kenne die Technik ja bereits. Als man mir diese Sonde einsetzte, dachte man vielleicht, dass sich das Problem der Entfernung gar nicht mehr zu meinen Lebzeiten stellen würde.

Endlich ist der Augenblick gekommen. Zum Glück …

Jetzt ist es so weit. Eine sehr zarte Frau macht sich ans Werk.

Ich äußere meine Sorge:

»Sind Sie sicher, dass Sie genug Kraft haben? Zwei Versuche werde ich nämlich nicht ertragen!«

Sie lächelt. Ein Mann steht neben ihr. Er versichert mir beruhigend:

»Ich werde ihr helfen, wenn es erforderlich ist.«

Wieder einmal muss ich Vertrauen haben. Ich halte den Atem an. Es schmerzt ganz fürchterlich. Viel mehr, als beim Herausziehen der Kanüle. Es fühlt sich an, als würde mir der ganze Magen aus dem Leib gerissen. Während dieser Tortur hoffe ich nun wirklich, mein Quantum an Schmerzen für den Rest meiner Tage ertragen zu haben …

»Sie können wieder atmen! Atmen Sie jetzt!«

Wie bitte? Ach ja, Entschuldigung, ich hatte es vergessen! Endlich kann ich mich entspannen!

In der Rehabilitation gehen die verschiedenen Aktivitäten weiter. Frédérique übernimmt die Ergotherapie, Jean und Jean-Marie die Physiotherapie. Hinzu kommt die Psychologin Marie-Thérèse.

Einmal in der Woche habe ich einen Termin bei ihr. Sie ist eine dynamische Frau, die mich stets mit einem Lächeln empfängt. Ihr Zimmer liegt in der dritten Etage, Nummer 326.

Als man mir vorschlug, eine Psychologin aufzusuchen, war ich zunächst skeptisch. Wozu sollte eine Psychologin nützlich sein? Wird sie überhaupt verstehen, was ich sage? Was wird sie von meiner Geschichte halten? Ich werde wie eine Verrückte wirken, wenn ich ihr alles erzähle ...

In Wirklichkeit geschieht aber genau das Gegenteil. Wie gebannt lauscht sie meinem Bericht.

Manchmal ist sie verblüfft:

»Etwas so Schreckliches habe ich noch nie gehört! Und ich habe hier schon ziemlich schlimme Dinge gehört.«

Manchmal ist sie entzückt:

»Das ist ja wunderbar! Das sind sehr starke Symbole!«

Die Gespräche mit Marie-Thérèse tun mir gut. Und doch vergieße ich bei jedem Termin in der dritten Etage reichlich Tränen. Das ist mir peinlich, denn es zählt sonst nicht zu meinen Gewohnheiten, andere Leute aufzusuchen, um mich dort auszuweinen. Aber sie stört das keineswegs:

»Weinen Sie, weinen Sie ruhig! Es gibt überhaupt keinen Grund, sich zu schämen! Solange Sie weinen, sind Sie noch nicht vollkommen geheilt.«

Hartnäckig besteht sie darauf, immer wieder über die schlimmsten Phasen zu sprechen. In diesen Augenblicken breche ich beinahe regelmäßig zusammen. Es sind Momente tiefen physischen und psychischen Schmerzes. Diese bis dahin fest in meinem Innern verschlossenen Schmerzen hatten an mir genagt, ohne dass ich sie anderen vollkommen hätte verständlich machen können.

Leiden ist eine einsame Erfahrung, sie lässt sich nicht teilen. In meinem Fall trifft das sogar in ganz besonderer Weise zu. Was ich durchgemacht und empfunden habe, scheint unbeschreiblich zu sein. Jedenfalls nehme ich es so wahr.

Die Psychologin teilt meine Meinung jedoch nicht.

Sie drängt und zwingt mich zum Sprechen.

»Erzählen Sie mir diese Episode noch einmal!«

»Nein, nicht noch einmal, Sie kennen doch alles schon auswendig!«

Aber ich gehe jede Woche erneut in die dritte Etage. Ich weiß, dass Marie-Thérèse recht hat, dass ich alles preisgeben muss. Dass ich nichts von alledem in meinem Innern zurückbehalten darf.

Ich bringe mein grünes Heftchen mit und lese ihr einige Abschnitte daraus vor. Sie findet es keineswegs albern, dass ich ein Bedürfnis verspüre, alles aufzuschreiben. Vielmehr befürchtet sie, dass ich diese Idee wieder aufgeben werde.

Ein wichtiges Argument für mein Vorhaben hat sie mir mit auf den Weg gegeben:

»Das Schreiben ist wichtig für Sie persönlich, aber auch für diejenigen, die in Ihrer Lage sind oder einmal in diese Lage kommen. Geben Sie diese Idee also nicht auf!«

Am 23. Dezember vollbringe ich eine Höchstleistung: Ich fahre 30 Minuten auf einem Hometrainer Fahrrad. Und am nächsten Tag gestattet man mir, für die Feiertage nach Hause zu gehen. Endlich! Mag das Krankenzimmer noch so luxuriös sein, es kann niemals die Vorzüge der eigenen vier Wände aufwiegen.

Beim Blick auf den Kalender fällt mir ins Auge: Meine Krankheit wird von zwei großen Festtagen umrahmt: Am Vorabend des 14. Juli, unseres Nationalfeiertages, habe ich meine Wohnung verlassen, und am Tag vor Weihnachten kehre ich dorthin zurück.

32

Sei gegrüßt, Frühling!

»Ein frohes und glückliches Neues Jahr!«

»Vor allem aber Gesundheit!«

Wir schmunzeln darüber. Ja, ich glaube, dass wir jetzt schmunzeln dürfen. Was sollen wir uns für das Jahr 2010 wünschen? Alle Wünsche wurden bereits erfüllt, denn ich bin wieder hier.

Wie schon die Weihnachtstage darf ich Silvester und Neujahr zu Hause verbringen. So kann ich meine kleine Familie um mich scharen: meinen Mann, meine Tochter, meinen Schwiegersohn und meine Enkelinnen. Wir packen Geschenke aus, aber im Grunde ist es mein größtes Geschenk, mit ihnen zusammen zu sein. Wir waren alle gerührt. Ich sehe bestätigt, was ich die ganze Zeit über gefühlt habe: zu Hause, im Kreis der Lieben, findet das wirkliche Leben statt.

Am Samstag, den 30. Januar, kommt schließlich der große Tag: Ich komme endgültig nach Hause zurück. Ich kann es kaum fassen. In den nächsten zwei Monaten werde ich nur noch tageweise ins Clemenceau zurückkehren, und zwar an drei Tagen pro Woche. Ray vergießt Freudentränen. Es ist keineswegs unvereinbar, stark und empfindsam zugleich zu sein. Anlässlich meiner Ankunft bereitet er ein Festmahl für mich zu. Wenn ich daran denke, dass noch vor Kurzem meine Nahrung aus dieser nicht identifizierbaren Substanz bestand, die ohne mein Wirken durch einen Schlauch in mich hineinfloss ... und jetzt entdecke ich neu, wie romantisch ein Abendessen zu zweit sein kann. Ja, ich führe wieder ein echtes Leben!

In den ersten Nächten wacht Ray immer wieder auf und beobachtet, wie ich neben ihm schlafe: Er will sicher sein, dass ich regelmäßig atme. Manchmal werde ich meinerseits wach und wundere mich darüber, wie er mich ansieht. Dann lachen wir und schlafen wieder ein. Es macht uns glücklich, Tag und Nacht beisammen sein zu können.

Am 19. März begleitet mich der Physiotherapeut Jean-Marie in die Stadt. Er nennt unsere Unternehmung einen »pädagogischen Ausflug«. Er lässt mich alles allein machen und beobachtet mich nur. Dabei wahrt er stets einen gewissen Abstand zu mir, damit ich nicht in Versuchung gerate, mich an seinen Arm zu klammern. Wir fahren mit der Straßenbahn, wir gehen über den Markt an der Place Broglie ganz in der Nähe so beeindruckender Gebäude wie Oper und Rathaus. Die Betriebsamkeit überall weckt Angstgefühle in mir, aber der Physiotherapeut bewertet meine Entwicklung sehr positiv.

Und am nächsten Tag wage ich mich, zugleich ängstlich und freudig, zum ersten Mal allein in das städtische Treiben. Ich bin sehr schnell erschöpft: Die Hindernisse scheinen immer größer zu werden, das Gehupe der Autos lässt mich zusammenzucken, zugleich aber kann ich jetzt aufrichtig und in der Gewissheit, mich selbst nicht zu belügen, sagen, dass ich gerettet bin.

Genau in diesem Augenblick, bei meinen vorsichtigen Schritten durch eine pulsierende Stadt, auf der Place Kléber mitten in Strasbourg, unter all diesen Passanten, die keine Notiz von mir nehmen und meine Anwesenheit offenbar nicht unpassend finden, erlange ich endlich die Gewissheit, dass ich davongekommen bin. Endgültig. Es ist geschafft!

Wenn ich die letzten Monate an mir vorüberziehen lasse, so ist das einfach unvorstellbar! Mir ist die nicht für möglich gehaltene Rückkehr ins Leben gelungen. Ich bin der Hölle entronnen. War ich anfangs nur ein in meinem Körper gefangener Geist und dann ein vollkommen gelähmter Körper, so gehöre ich jetzt wieder zu der Menge um mich herum. Ich gehöre wieder zur menschlichen Gemeinschaft. Die Einkerkerung ist aufgehoben, das Leben steht mir offen. Aus der Greisin am Ende ihres Lebens ist zwar kein junges Mädchen geworden, aber eine (beinahe) normale Frau in den Fünfzigern.

Das Wetter ist schön, die Bäume schmückt bereits ein zarter grüner Flaum.

Ich fühle mich wie eine Strafgefangene, für die sich nach langer Zeit die Gefängnispforten wieder öffnen. Die Frühlingsluft berauscht mich mit ihren süßen Düften. Ich gönne mir das Vergnügen, ein paar Dinge einzukaufen. Als ich die Schokolade für Ray bezahlen muss, bemühe ich mich, meinen Geldbeutel so selbstverständlich wie möglich zu öffnen und das Päckchen entgegenzunehmen, das mir die Verkäuferin reicht. Der Himmel ist großartig, der Wind weht alle unguten Gedanken fort. Er streicht mir übers Gesicht, als wolle er mich zum Lächeln bewegen.

Auch dieses Datum gewinnt für mich symbolische Tragweite, und ich beteuere, dass ich es keineswegs darauf angelegt habe: Heute ist der 20. März – der erste Tag des Frühlings.

33

Vom Ende zum Anfang

November 2010
In Gedanken habe ich Hunderte von Kilometern zurückgelegt, während ich monatelang an ein Krankenhausbett gefesselt war.

Dann musste ich mit riesiger Anstrengung erlernen, meinen Arm um wenige Zentimeter zu bewegen.

Dann habe ich versucht, an dem Stehbrett etwas hin und her zu schlenkern, um den Pflegern ein Lächeln zu entlocken und meiner Freude Ausdruck zu verleihen, wieder aufrecht zu stehen.

Dann habe ich auf wackligen Beinen, langsam und zitternd wie eine Greisin, die sterilen, gewölbten Flure des Krankenhauses in Angriff genommen.

Und nun tanze ich hier wie eine Frischvermählte! Ich tanze im Arm meines Liebsten im Ballsaal eines Kreuzfahrtschiffes auf dem Nil. Die Pyramiden, die Sphinx, die Märkte, die Wüste … Wir sind weit weg von Strasbourg und weit weg von der Krankheit. Jeden Tag tanken wir gierig eine reichliche Portion Sonne, Geschichte und Exotik. Jeden Abend drehen wir uns im Kreis wie andere Paare auch.

Diese einwöchige Reise ist das Geburtstagsgeschenk von Ray. Vor allem feiern wir jedoch hier auf diesem mythischen Fluss an der Pforte zum Orient das Ende einer unglaublichen

Geschichte und den Beginn einer neuen. Diese neue Geschichte wird, das hoffe ich sehr, schlichter und unvergleichlich schöner.

Die Musik wird schneller, ich drehe mich, mir wird schwindlig, aber Ray hält mich fest. Seine Arme sind wie eine Rundum-Versicherung. Ich könnte mir einreden, dass meine Schritte unsicher sind, weil auf der Tanzfläche Gedränge herrscht, weil das Schiff schlingert oder einfach weil ich trunken vor Freude bin. Da das Gleichgewicht beim Tanzen ohnehin eine heikle Angelegenheit ist, könnte ich verdrängen, dass meine eigenen Bewegungen immer noch ein wenig linkisch und langsam sind. Auch wenn ich nach wie vor schlank bin, muss ich der Wirklichkeit ins Auge sehen: Weil ich immer noch nicht so beweglich bin, wirke ich unglaublich schwer! Ray beklagt sich nicht darüber, er lächelt, er freut sich ... Aber ich bin ein hartes Stück Arbeit für ihn!

»Halt mich fest!«

Diese Worte sind ebenso eine Liebeserklärung wie ein Ausdruck meiner Sorge.

Dabei weiß ich genau, dass ich nichts zu befürchten habe: Er hat mir hinlänglich bewiesen, dass er mich nicht fallen lässt.

Juli 2011

Wieder stütze ich mich auf Ray.

Ich klammere mich geradezu an ihn, stundenlang halte ich ihn fest. Die Umgebung ist weniger glamourös, aber ebenfalls großartig. Wir sind im Hochgebirge und erklimmen einen so steilen Weg, dass dieser Ausflug für mich einer extremen Bergtour gleichkommt.

Wir wandern im Massiv der Aiguilles Rouges in der Nähe des Mont Blanc. In den ersten Tagen musste ich mich immer wieder kneifen, um zu realisieren, dass ich tatsächlich wieder im Hochgebirge bin. Gierig atmete ich diese frische, beinahe prickelnde Luft ein und überließ mich dem Genuss, meine Lungen über und über mit ihr zu füllen. Überwältigt betrachtete ich das Panorama der Gipfel und genoss das Gefühl, eine solche Weite mit meinen Augen umfangen zu können.

Und jetzt steige ich zäh nach oben. Ich beiße die Zähne zusammen, um mir zu beweisen, dass ich wieder in der Lage bin, das zu schaffen, was ich früher geschafft habe. Um aufrichtig zu sein, ganz so wie früher ist es noch nicht, aber meine Fortschritte sind sehr ermutigend.

Ray hatte mich für zwei Tage allein gelassen, um mit den geübtesten Bergwanderern der Gruppe den Mont Buet mit 3.100 Metern Höhe zu besteigen. Ich beschränke mich auf die klassischen Touren an der Chaîne des Fiz. Aber auch das bedeutet immerhin fast eine Woche lang vier bis fünf Stunden Gehzeit pro Tag und Aufstiege zu mehreren, über 2.000 Meter hohen Gipfeln. Morgens fühle ich mich regelrecht »eingerostet«, und wie eine alte Frau brauche ich einige Zeit, um auf die Beine zu kommen. Dies ist umso schwieriger, als ich solche körperlichen Anstrengungen nicht mehr gewohnt bin und mich wie gerädert fühle – als sei ich geradewegs unter einen Lastwagen geraten. Auch an den anderen Wanderern gehen die Anstrengungen nicht spurlos vorüber. Meine Schmerzen stören mich jedoch ganz und gar nicht. Sie sind natürlich, logisch, legitim. Es sind lediglich die Schmerzen eines Körpers, der wieder damit begonnen hat zu funktionieren.

Nach dem Aufstieg auf den Mont Buet kehren die »Profis« zu uns anderen zurück, und ich habe meinen Führer wieder an meiner Seite. Ich habe ihn jetzt auch bitter nötig, denn unser Weg ist sehr steil, und außerdem beginnt es zu regnen.

Wir sind bis auf die Knochen durchnässt. Ungeduldig sehne ich den spartanischen Komfort der nächsten Hütte herbei. Zugleich empfinde ich ein außerordentliches Glücksgefühl. Selbst Unbilden der Witterung wie dieser feuchte Nebel hier oben in 2.300 Metern Höhe werden zu einem Hochgenuss, wenn man befürchtet hat, sein Leben lang ans Bett gefesselt zu bleiben.

Unsere Wanderung begann am 14. Juli, also auf den Tag genau zwei Jahre, nachdem mich dieses unbegreifliche innere Erdbeben traf. Schon im Jahr zuvor, am ersten Jahrestag des Ausbruchs meiner Krankheit, war ich nicht zu Hause: Ich hatte die Mühe auf mich genommen und war zu meiner Tochter in einen Vorort von Paris gefahren. Ob ich irgendwann an diesem besonderen Tag nur noch an den Sturm auf die Bastille, Feste und Feuerwerk denken werde? Das bezweifle ich stark. Gewiss wird der Nationalfeiertag für mich noch lange ein schwieriger Tag bleiben.

Dezember 2011

Inzwischen ist mir offenbar nichts mehr anzumerken. Vor Kurzem habe ich Bekannte getroffen, die von meinem Schicksalsschlag nichts wussten. Sie schienen nur das blühende Leben zu sehen:

»Mensch, Angèle! Wie geht es dir? Wir haben uns so lange nicht gesehen … Du schaust großartig aus!«

Mein Äußeres zeigt kein Zeichen der Krankheit mehr. Meine Haare sind nicht mehr so filzig wie kurz nach dem Aufwachen. Ich esse, ich laufe, ich bewege mich, ich spreche ganz normal. Der Luftröhrenschnitt hatte auf meinem Hals eine seltsame Narbe hinterlassen, die an einen verirrten Bauchnabel erinnerte. Dank eines kleinen Eingriffs der plastischen Chirurgie lässt sich das Loch, das sich dort einmal befand, nicht einmal mehr erahnen. Das Loch der Gastrostomie hingegen hat eine Spur auf meiner Bauchdecke hinterlassen, aber sie ist unauffällig und unter der Kleidung gut verborgen – kaum störender als eine Blinddarmnarbe. Niemand, der meine Geschichte nicht kennt, kommt auf die Idee, dass ich noch immer fünfmal wöchentlich zur Physiotherapie und zur Logopädie gehe. Niemand weiß, dass ich immer noch starkes Ohrensausen habe, wenn ich abends erschöpft bin. Niemand ahnt, dass ich eine leichte Krankenhausphobie entwickelt habe: Ich muss gestehen, dass mir die Vorstellung Angst macht, erneut ins Krankenhaus zu müssen – selbst wenn es nur für eine Kleinigkeit wäre. Früher kannte ich diese Furcht nicht, denn ich ging davon aus, dass man mir dort helfen würde. Diese Sorglosigkeit ist dahin.

Ich bin nicht mehr krank, aber ich bin noch nicht wieder vollkommen hergestellt. Diese Wiederherstellung betrifft selbstverständlich sowohl die physische als auch die psychische Seite.

Ich bin mir bewusst, dass ich das Glück habe, ein fröhliches Wesen zu besitzen. Ich habe es bereits gesagt: Ich habe gute Gene, bin ein positiver, sportlicher Mensch und liebe das Leben. Ich genieße es! Ich schätze auch die kleinsten Freuden, die es bereithält. Und wenn man das Leben liebt, findet man auch Kraft.

Einer der Intensivmediziner, die mich betreut haben, hat immer wieder betont:

»Sie müssen sich sagen, dass Sie Ihre Genesung sich selbst zu verdanken haben!«

Und ich dachte, dass die Ärzte weitgehend für meine Genesung verantwortlich seien! Aber Scherz beiseite, vielleicht hat er recht. Hätte ich zu Depressionen geneigt, so läge ich vermutlich immer noch im Bett, wenn nicht sogar im Sarg. Aber mein Charakter hat mich auf die richtige Spur gebracht und mich fest daran glauben lassen, dass meine Stunde noch nicht gekommen ist. Ich muss dazu bestimmt sein, alt zu werden, denn ich habe auch jetzt nicht den Eindruck, nur eine Gnadenfrist erhalten zu haben.

Gleichwohl hat mich diese Erfahrung verändert. Ich ähnele derjenigen, die ich früher war, aber ich bin nicht mehr dieselbe, weil ich weniger auf »Speed« aus bin als zuvor. Ich wollte immer, dass alles schnell geht. Jetzt bin ich nachdenklicher, betrachte das Leben … Jeden Morgen genieße ich die Tatsache, dass ich gesund bin, aufstehen kann, meinen Mann küssen kann, meine Tochter anrufen kann und mich mit Freundinnen treffen kann.

Die erste Lehre, die ich aus meiner Erfahrung ziehe, ist einfach: Man muss immer kämpfen, wie schlimm das Schicksal einen auch treffen mag. Man muss immer an sich glauben. Man darf nicht aufhören, nach vorne zu blicken, selbst wenn die Fortschritte nur minimal sind und hart erkämpft werden müssen. Wenn man nicht an sich glaubt, wenn man aufgibt, wenn man denkt, dass ein paar Millimeter Fortschritt nichts ändern werden, dann ist man von vornherein verurteilt. Es ist ganz wesentlich, dass man nach vorn schaut.

Ich gebe zu, dass der Schmerz in manchen Situationen ein solches Ausmaß angenommen hatte, dass er mir vorübergehend den Lebenswillen raubte. Es gab Augenblicke, in denen er mich matt setzte. Aber sobald ich wieder klarer denken konnte, schöpfte ich auch wieder Hoffnung. Ganz gleich, wie ernst meine Lage war. Ich konnte mir nicht vorstellen, dass das Ende schon gekommen war. Es konnte nicht alles schon vorbei sein. Das war nicht möglich. Das durfte einfach nicht sein.

Die zweite Lehre ist genauso wesentlich wie die erste: Man muss jeden Augenblick seines Lebens auskosten. Und ihm einen Sinn geben. Man darf das Leben nicht mit Nichtstun vergeuden, denn es ist kostbar.

Bis zu meiner Krankheit hatte ich noch nie über den Tod nachgedacht. Jetzt ist er mir sehr nahe gekommen, um mich dann doch zu verschonen, und es ist mir klar geworden, dass meine Stunden gezählt sind. Dass alles von einer Minute auf die andere vorbei sein kann.

Nichts ist gewiss. Das Leben ist keine Selbstverständlichkeit, wie ich früher dachte. Da der Tod sich damit begnügt hat, mir nur kurz seine Hand auf die Schulter zu legen, bin ich auch nicht eine vom Tod Wiederauferweckte, wie man vielleicht sagen oder schreiben könnte. Oder wie es vielleicht diejenigen denken, die mich ein wenig zu rasch unter die Erde bringen wollten. Bei einem Kongress von Intensivmedizinern im Januar 2010 stellte einer meiner damaligen Ärzte meinen Fall unter dem etwas unglücklichen Titel vor: »Die Toten hören uns …«

Als ich ungefähr ein Jahr, nachdem ich die Intensivstation verlassen hatte, zum ersten Mal wieder dorthin ging, hatte ich tatsächlich den Eindruck, dass meine ehemaligen Pfleger glaubten, eine Erscheinung zu sehen! Was meine Freundinnen betrifft, die mich dort an der Schwelle zum Tod gesehen haben – in mein Laken wie in ein Leichentuch gehüllt –, so sind sie immer noch sprachlos ob meiner siegreichen Rückkehr.

Wenn ich keine Wiederauferweckte bin, bin ich dann vielleicht eine durch ein Wunder Geheilte?

Nein, auch das bin ich nicht. Das Wunder ist das Leben. Nicht ich.

34

Ein anderer Blick auf das Koma

Was ist mir widerfahren?

Nach all diesen Untersuchungen, all diesen Gesprächen, all diesen Seiten, bin ich es mir und den anderen schuldig festzustellen, dass ein Teil all dessen ein Geheimnis bleibt.

Ich habe den Eindruck, das Opfer eines Unfalls ohne Schuldigen, einer Aggression ohne Motiv zu sein. Opfer eines schlimmen Schicksalsschlags. Kein Vorzeichen, keine Angewohnheit in meinem früheren Leben, keine Veranlagung könnten je erklären, warum diese Krankheit mich an diesem Julimorgen so unvermittelt gepackt hat.

Warum hat mich mein Weg in ein paar Monaten von der Normalität in die Hölle geführt und dann wieder von der Hölle zurück in die Normalität? Warum bin ich in solche Abgründe hinabgestiegen, und warum bin ich von dort zurückgekehrt? Wie ist es zu erklären, dass die Reaktion des Immunsystems auf eine banale Infektion in diesem Fall so übertrieben ausgefallen ist? Dass sie sich zu einer wahren Atomexplosion ausgewachsen hat, die die Hülle der Nervenfasern, die Myelinschicht, angegriffen hat – und doch glücklicherweise die Nerven selbst unversehrt ließ? Denn das Myelin kann sich regenerieren, wenn die Nervenfaser selbst nicht in Mitleidenschaft gezogen ist …

Mein Fall belegt etwas ganz Wesentliches: Eine Person

kann bei vollem Bewusstsein sein und dennoch allem Anschein nach in einem tiefen Koma liegen.

Von außen betrachtet und ohne eingehende Untersuchung schienen meine Gehirnfunktionen komplett ausgefallen zu sein ... während ich unablässig von Unverständnis, Zweifel und Angst geplagt war.

Vor Kurzem habe ich mit einem katholischen Geistlichen gesprochen, der als Sterbebegleiter tätig ist und früher als Krankenpfleger auf einer chirurgischen Intensivstation gearbeitet hat. Ich habe ihm von dem »Brustwarzentest«, wie ich dieses Verfahren für mich nenne, erzählt. Er bestätigte mir, dass dieser durchaus üblich und auch aussagekräftig ist:

»Das ist die empfindlichste Stelle am ganzen Körper. Wenn eine Person bei Bewusstsein ist, dann löst dieser Test zwangsläufig eine Reaktion aus. Sie müssen ein ganz besonderer Fall sein.«

Ich bin ein »Fall«: Das höre ich so oft, dass ich es irgendwann einmal noch glauben werde ...

Die Glasgow-Koma-Skala bewertet ein Koma in Abhängigkeit von der Reaktion einer Person auf Stimulationen. Diese reichen von einem bloßen Ansprechen bis zu einem Schmerzreiz, der selbst bei einer bewusstlosen Person eine Reaktion hervorruft. Der intensivste Schmerzreiz ist das Kneifen in die Brustwarze. Mir vermittelte es wirklich den Eindruck, der Arzt risse mir ein Stück Fleisch aus dem Körper.

Auch ein Neurologe versicherte mir, ganz wie der Geistliche, dass dieser Test »keine Barbarei ist, sondern eine gängige klinische Praxis bei komatösen Patienten. Zudem bedeutet diese Vorgehensweise eine gewaltige Kostenersparnis im Vergleich zu einer funktionellen MRT, und sie ist dennoch sehr aufschlussreich.« Eine funktionelle Magnetresonanztomographie kann dokumentieren, wie das Gehirn arbeitet.

Mein Fall hat jedoch gezeigt, dass man jetzt höchstens noch sagen kann: »Der Test an den Brustwarzen war sehr aufschlussreich.«

Aber bin ich wirklich die Einzige, die Opfer einer solchen Missachtung wurde und solche Qualen durchlitt? Es fällt mir schwer anzunehmen, dass ich die erste Person sein soll, der ein solches Unglück widerfahren ist. Wie viele Personen haben die gleichen Schrecken durchgemacht wie ich? Diese unerträgliche Ohnmacht angesichts einer Aggression, dieses Gefühl, nur noch ein Ding zu sein, das man jeden Augenblick wegwerfen könnte ...

War es den Ärzten nicht möglich, aussagekräftige Untersuchungen durchzuführen, um herauszufinden, ob ich unter meinem reglosen Panzer vielleicht doch denke, höre und alles wahrnehme? Geht es immer nur darum, ob jemand lebt oder tot ist, geht es immer nur um den guten oder schlechten äußerlichen Zustand des Patienten? Erlauben die neuen Technologien keinen Aufschluss darüber, was ein Patient empfindet?

In Wirklichkeit besteht das Problem vielleicht darin, dass die Empfindungen des Patienten für die hohen Herren der Ärzteschaft nicht im Vordergrund stehen.

Um meinen Bewusstseinszustand zu ermessen, hätten die Ärzte verschiedene Untersuchungen einsetzen können: eine funktionelle MRT, eine Szintigraphie oder – und das ist die einfachste Untersuchung – eine Elektroenzephalographie, kurz EEG.

Sobald ich wieder in der Lage war, mit den Ärzten der Intensivstation zu sprechen, fragte ich, warum ich diesem grausamen »Brustwarzentest« unterzogen wurde.

Die Antwort lautete:

»Weil alles platt war, Madame. Es gab keinerlei Reaktion. Gar nichts!«

Wollen sich die Ärzte auf diese Weise reinwaschen oder jedes Gespräch im Keim ersticken?

Vor Kurzem fragte ich am Telefon noch einmal einen der Intensivmediziner, was damit gemeint war, als man mir kurz und bündig die seltsame Mitteilung machte, alles sei »platt« gewesen. Er antwortete mir, dass er sich nicht erinnern könne, dass er mir nicht sofort eine Antwort geben könne. Er müsse sich zuerst meine Akte anschauen. Es fällt mir schwer zu glauben, dass er sich nicht an einen so einzigartigen, an und für sich unmöglichen Fall erinnert: ein EEG, das keinerlei elektrische Ströme des Gehirns bei einer Person aufzeichnet, die dennoch bei Bewusstsein ist …

Ich habe also in den medizinischen Akten nachgeforscht, wo von einem EEG die Rede ist.

Diese Untersuchungen wurden zum kritischen Zeitpunkt durchgeführt, in den Stunden und Tagen, während derer zumindest einer der Intensivmediziner der Meinung war, dass ich nicht mehr zu den Lebenden zurückkehren würde.

Schon am Freitag, dem 17. Juli 2009, nur drei Tage nachdem ich ins künstliche Koma versetzt worden war, hatte dieser Arzt meinem Mann empfohlen, mir einen Platz auf dem Friedhof zu besorgen. Darauf hatte Ray am nächsten Tag, am Samstag, dem 18. Juli, einen Bestatter aufgesucht.

Die Elektroenzephalographien wurden am 16. und am 18. Juli durchgeführt. In beiden Fällen war das Ergebnis besorgniserregend. Die Aufzeichnungen zeigen »Verlangsamungen«, »Abweichungen« oder »schwerwiegende Veränderungen« der Hirnströme. Aber diese waren niemals »platt«. An beiden Tagen konnte von einem Hirntod keineswegs die Rede sein!

Am selben Tag, an dem Ray beim Bestattungsunternehmer meinen Sarg aussuchte, belegte ein EEG, dass der Zustand meines Gehirns zwar äußerst schlecht war, aber auch, dass es noch aktiv war.

Warum haben die Ärzte versäumt, Ray darüber zu informieren? Warum haben sie es zugelassen, dass er diesen bitteren Weg auf sich nahm? Die Mediziner hielten es nicht für erforderlich, meine Familie darüber aufzuklären, dass meine Situation nicht ganz so katastrophal war wie zunächst angenommen. Dazu kam es erst, als die Ärzte sich selbst – durch die Episode mit der Träne – davon überzeugt hatten.

Wie aber kann ein Arzt so schnell so kategorisch befinden, dass es für die Patientin keine Hoffnung mehr gibt?

Einem Ehemann den baldigen Tod seiner Frau anzukündigen, obwohl dieser noch keineswegs gewiss ist – das ist alles andere als eine Kleinigkeit und höchst problematisch noch dazu. Wenn dies jedoch nur vier Tage nach ihrer Einlieferung ins Krankenhaus geschieht, nur ein paar Stunden nach dem Zeitpunkt, zu dem sie wieder aufwachen sollte, dann sprengt ein solches Verhalten schlichtweg den Rahmen des Vorstellbaren!

Befassen sich die Ärzte eigentlich mit den psychologischen Schäden, die ein solches Verhalten nicht nur den Patienten, sondern im vorliegenden Fall auch ihren Angehörigen zufügt?

Gewiss, man muss berücksichtigen, dass mein Fall, wie mir

ein Spezialist für Neurologie erklärt hat, »selten und irreführend« ist.

Die Diagnose wurde dadurch erschwert, dass die Schädigungen zugleich das zentrale Nervensystem (Stammhirn, Hirnrinde und Rückenmark) und das periphere Nervensystem (alles außerhalb dessen) betrafen. Bei einem Komapatienten ist normalerweise das periphere Nervensystem nicht betroffen; Schmerzreize rufen also stereotype motorische Reaktionen hervor (wie etwa das Beugen von Gliedmaßen), die bei mir jedoch nicht eintraten. Bei einer ausschließlichen Schädigung im peripheren Nervensystem ist die Person ebenfalls vollkommen bewegungsunfähig, aber wach: Sie vermittelt also nicht fälschlicherweise den Eindruck eines tiefen Komas.

Aber diese irreführende Konstellation entschuldigt in gar keinem Fall das flinke Vorgehen dieses Arztes. Der Neurologe fasste es so zusammen: »Ihr Fall war ganz und gar außergewöhnlich, und dazu zählt auch das Verhalten jenes Arztes, der Ihren Mann ›beraten‹ hat.«

Bei dem schon zitierten Telefongespräch ermunterte mich der Intensivmediziner auch dazu, mich auf andere Dinge zu konzentrieren, so wie man es mir nach der Geschichte mit dem defekten Inhalator empfohlen hatte:

»Sie müssen das alles vergessen, sonst bekommen Sie am Ende noch eine Depression!«

Ich kann es nicht ändern, aber mich beschleicht der Verdacht, dass diese Empfehlung eher im Interesse der Mediziner erfolgte als in meinem …

In einem Krankenhaus sieht man es immer lieber, wenn der Patient nicht nachdenkt.

Lange war ich die ideale Patientin: bewegungslos und offenbar taub. Ein guter Patient ist ein passiver Patient. Er soll sich nicht einmischen und schon gar nicht nachdenken; er soll sich darauf beschränken, alles über sich ergehen zu lassen. Das Personal sagt ihm nur, was es ihm sagen will, und da es ihm nicht viel sagen will ...

Mir ist aufgefallen, dass es die Pfleger oft störte, wenn Ray bei einer Behandlung dabei war.

Ganz unbestreitbar sind im Gesundheitswesen bereits erhebliche Fortschritte gemacht worden auf dem Weg zu einer größeren Transparenz. So kann der Patient zum Beispiel inzwischen Einsicht in seine medizinische Akte nehmen. Aber meiner Meinung nach müssen noch weitere, große Anstrengungen unternommen werden. Ganz besonders wichtig wäre es, dass die Ärzte ihre Haltung gegenüber ihren Patienten verändern. Ich bin während meiner Leidenszeit vielen beeindruckenden Medizinern begegnet, denen ich mein Leben lang dankbar sein werde. Aber ich bin auch auf Ärzte gestoßen, die sich meiner Vergebung nur aufgrund meiner noch immer nachwirkenden christlichen Erziehung sicher sein können.

Grundsätzlich bin ich der Meinung, dass Ärzte sich eingestehen sollten, dass auch sie Rechenschaft schuldig sind. Man kann sich irren, aber der erste Schritt nach einem Irrtum besteht darin, ihn zuzugeben. Es ist unverantwortlich, einem Angehörigen eine verhängnisvolle Prognose zu eröffnen, nur weil man persönlich von ihrer Richtigkeit überzeugt ist. Und es ist schockierend, dass die Ärzte es im Nachhinein zu keinem Zeitpunkt für angemessen erachteten, sich dafür zu entschuldigen.

Dass man das Leben eines anderen Menschen in seinen Händen hält, macht noch lange keinen Gott aus einem selbst.

Wie schade, dass ich bestimmte Lehren und Praktiken infrage stelle.

Wie schade, dass ich Zweifel säe! Schade? Oder eher gut?!

Sicher ist es sinnvoll, den Tod eher über den Stillstand des Gehirns als über den Stillstand des Herzens zu definieren – nur müssen zuvor die angemessenen Untersuchungen stattgefunden haben.

Dass ein Arzt bei vollem Bewusstsein die lebenserhaltenden Geräte abschaltet oder mir ein Organ entnimmt, hätte – das muss ich mit dem Abstand und dem Wissen, das ich heute habe, sagen – zum Glück niemals wirklich eintreten können. Die Vorschriften verlangen, dass man zuvor zweimal im Abstand von vier Stunden ein EEG oder eine Angiographie macht. Diese Untersuchungen bestätigen bei einem Hirntod das Fehlen jeglicher Blutzufuhr zum Gehirn, den sogenannten zerebralen Zirkulationsstillstand.

Ich möchte hoffen, dass diese Überprüfungen bewiesen hätten, dass mein Bewusstsein noch vorhanden ist. Außerdem wird, wie ich es bereits angedeutet habe, die Entscheidung »abzuschalten« im Kollegium getroffen. Sie darf keinesfalls aufgrund der Überzeugung eines einzigen Arztes zustande kommen. Man hätte mich also nicht umgebracht … Aber man hätte mir unbedingt unnötiges Leiden ersparen müssen!

Mein Fall hat gezeigt, dass das Personal im Krankenhaus niemals zu dem Schluss kommen darf, eine Person, die vollkommen regungslos ist, leide nicht. Ganz im Gegenteil, und das ist mein Hauptanliegen: Das Leiden ist in einem solchen Zustand viel schwerer zu ertragen als in einem anderen. Vorrangiges Ziel der Ärzte und Pfleger sollte es sein, die Schmerzen, ob nun physischer oder psychischer Natur, zu lindern, ganz gleich, in welchem Zustand der Patient sich befindet.

Mit meiner Geschichte möchte ich zur Wortführerin derjenigen werden, die nicht in der Lage sind zu kommunizieren. Ich wäre sehr glücklich, wenn die Ärzte und Pfleger diese »wie tot Daliegenden« künftig mit anderen Augen betrachteten. Im Grunde ist folgende Haltung angebracht: Solange eine Person in einem Bett und nicht in einem Sarg liegt, sollten Mediziner und Krankenschwestern davon ausgehen, dass sie noch in der Lage ist, den Unterschied zwischen gut und schlecht, zwischen Wohltat und Missetat wahrzunehmen.

Ich glaube auch, dass noch nicht alle Gesetze der Natur bekannt sind. Es gibt noch so viele Dinge zu erforschen, auf so vielen Gebieten die Kenntnisse zu verbessern. Wir sollten lieber die Haltung der Vorsicht pflegen, als an vermeintlichen Gewissheiten festzuhalten.

35

Zeugnis ablegen

»Es gibt Ärzte, die sich um das Herz kümmern, Ärzte, die sich um die Zähne kümmern, Ärzte, die sich um die Leber kümmern … Aber wer kümmert sich um den Kranken?«

Dieses Zitat stammt von dem Chansonsänger Sacha Guitry. Ein Witz? Wie jeder gute Witz enthält er mehr als nur ein Körnchen Wahrheit.

Neueste technologische Untersuchungsmethoden allein werden nicht ausreichen, um den Weg zur Heilung zu weisen. Die Pflege und Fürsorge dürfen sich nie auf einen technischen Akt beschränken. Es wird immer auch darum gehen, dem Patienten zuzuhören und auch sein Schweigen zu verstehen. Ich bin im Krankenhaus Menschen begegnet, deren weltliche Aufopferungsbereitschaft der Evangelien würdig ist. Sie zeugte von einer bedingungslosen Nächstenliebe. Andere hingegen machten eilig kehrt, sobald das geringste Problem sich ankündigte.

So leicht fühlt der Patient sich in der Krankenhaus-Welt seiner Identität beraubt, weil seine persönlichen Eigenheiten keine Rolle spielen! Er ist lediglich ein verwundeter Körper, der in nichts weiter als einem einheitlichen Krankenhaushemd steckt. Er wird zu einer Nummer. Er hört, wie auf dem Flur gerufen wird: »Die 220 braucht die Bettpfanne!« – und realisiert, dass er selbst diese 220 ist. Er verliert nicht nur seine

Identität, sondern auch seine Intimität. Sein eigener Körper gehört ihm nicht mehr.

Wie ich in der Einleitung geschrieben habe, ist es das Anliegen dieses Buches, das Leid aus dem Blickwinkel des Hauptbetroffenen zu beschreiben: aus dem Blickwinkel des Leidenden. Es ist eine Reportage von mir selbst über mich selbst, deren einziger Anspruch es war, aufrichtig zu sein.

Immer wieder muss ich mir anhören, dass meine Geschichte außergewöhnlich ist. Das hoffe ich sehr ... Ich wollte meine Erfahrung nicht weitergeben, um mich mit ihrer Einzigartigkeit zu brüsten, sondern ganz im Gegenteil, weil ich sie für mich selbst in diesen Bereich des Außergewöhnlichen verbannen wollte. Das Unerträgliche ist unglücklicherweise sehr viel banaler, als man es glauben möchte ...

Während dieses langen Kampfes, den meine Krankheit bedeutete, habe ich viel Unerträgliches ertragen.

Dennoch glaube ich heute, dass ich Glück gehabt habe. Sehr viel Glück. Weil ich wieder so leben kann wie zuvor; die Krankheit hat mich beinahe besiegt, aber schließlich war ich diejenige, die sie besiegt hat.

Ich habe die Tränen geweint, die ich weinen musste. Immer noch fließen ein paar von ihnen, wenn die eine oder andere Erinnerung hochkommt oder die eine oder andere Grübelei mich heimsucht.

Aber ich habe all die bedrückenden Gedanken, die mein Leben vergiften könnten, über Bord geworfen. Ich habe mich von all der Last befreit, die mich davon abhalten könnte, meinen Weg nach vorn fortzusetzen.

Ich habe auch das große Glück gehabt, auf den außergewöhnlichen Rückhalt meiner Familie und Freunde zählen zu können. Abgesehen von den Pflegern und Ärzten mit all ihren Behandlungen sind sie es, die mich gerettet haben. Ohne sie hätten die ärztliche Pflege, mein Willen und auch mein »positives Wesen« nicht ausgereicht. Ohne die Liebe seiner Nächsten ist man nichts.

Jetzt, da ich meinen Bericht beende, wird es mir noch klarer: Dieses Buch ist zuallererst eine große Liebesgeschichte.

Bei meinem Mann und meiner Tochter ist es wie bei mir: Es geht ihnen viel besser. Ich weiß, dass sie viel stärker geworden sind. Und auch unsere Liebe zueinander ist noch viel stärker geworden.

Jetzt, im Augenblick, fühle ich mich voll neuer Energie. Es ist eine sanfte, dauerhafte Energie. Ich fürchte das Alter nicht. Nach meinen Erlebnissen empfinde ich es jetzt als Ehre, alt zu werden. Ich habe mein Ende bereits vor Augen gehabt, und so werde ich jetzt nur noch schöne Dinge erleben. Die schlimmsten Schmerzen werden wie ein Schnupfen vorübergehen. Mein Lächeln war gelähmt – und ist zurückgekehrt, strahlender als zuvor.

Ja, ich muss es sagen: Das Schicksal hat es gut mit mir gemeint.

Ja, ich gebe es gern zu: Ich bin ein Glückskind.

Danksagungen

Dieses Buch kam durch die Begegnung mit dem Journalisten Hervé de Chalendar zustande. Es enthält den so treu wie möglich gehaltenen Bericht dessen, was ich durchgemacht habe. Es handelt sich um mein Zeugnis, und die erzählten Gegebenheiten entsprechen meinen Erinnerungen. Dialoge können von dem tatsächlich Gesagten abweichen, verfälschen aber niemals dessen Tonlage.

Ich möchte all denen danken, die mutige Zeugen auf meinem langen Weg zur Genesung waren.

Dank für den mutigen und verständnisvollen Rückhalt. Dank für die Liebe, Freundschaft, die Gebete, die Besuche und Aufmerksamkeiten.

Dank an Ray und Cathy, meinen Mann und meine Tochter (für ihren Mut, ihre Liebe und ihren unablässigen Rückhalt).

Dank an Célia und Mélanie, meine wunderbaren Enkelinnen (Célia ist in der Schule einen Cross-Lauf für mich gelaufen, Mélanie, die Musikliebhaberin, hat ihr Saxophon ins Krankenhaus geschmuggelt).

Dank an Jean-Denis Lokela und seine ganze Familie, Efolé, Michel, Anne-Marie, Jean Gilles, Ofengie, Joël und Mony (für ihre Gebete, ihr Lob, ihre beruhigende Anwesenheit).

Dank an Marie-Rose (für ihre Geduld und ihre Flexibilität), Gilbert, Paul, Denise, Claude, Marlène, Christine, Alain, Thierry, Guy, Thomas, Dominique, Corinne, Daniel, Catherine, Cathie, Félice und Denise (für ihre Besuche und ihren Rückhalt).

Dank an Estelle (für die Massagen und den Kuchen) und Véronique (für das Verschicken von Mails an Ray).

Dank an Chantal und Dédé (ich werde euch nie vergessen!).

Dank an Hélène, Marine und Georgeline (mit ihrer großen Sanftmut!).

Dank an die 70 Mitglieder von Experando, Francis, Michèle, Angèle, Germain, Jean-Luc, Gaby, Josiane, Patrick, Marie-Claire, Christian, Michelle, Jojo, Bernard, Jean-Jacques, Marie-Blanche, Nadine, Gérard, Roland, Martine, Pierre, Jean-Louis … und all die anderen!

Dank an Hubert, Patrick, Ériuc, André und all meine früheren Kollegen (die mir mit ihren Gedanken Beistand leisteten, aber auch mit Blumen, Schokolade und Karten).

Dank an Bernadette (für ihre lieben Worte), Michel, Yolande, Nicole, Raymonde, Bertrand und Claudine (für die mit Wasser benetzten Tücher), Monique (für ihre schönen Briefe), Mathilde, Ljubinka und Henriette (für ihre gute Laune und ihre Freundlichkeit).

Dank an das Krankenhauspersonal, ganz besonders an Professor Meziani (für seine Professionalität), an die Krankenschwestern, wobei ich besonders an die sanfte Nadia denke, an Johanne (die ich für mich Mylène nannte, weil sie mich an Mylène Farmer erinnerte …), an François und Alexandre, deren Kompetenz stets eine beruhigende Wirkung auf mich hatte; an alle Pflegehelferinnen (ganz besonders Janine für den Kaffee und den Kuchen …).

Dank an alle Physiotherapeuten, die mich begleitet haben: Jacky, Maria, Marie-France, Jean-Marie, Caroline und Dennis (für ihren täglichen, unermüdlichen Einsatz).

Dank an alle Pfleger der Wachstation von Illkirch, und ganz besonders an Doktor Gaudias, der mich endgültig von der Tracheotomie befreit hat.

Dank an alle Teams im Centre Clemenceau, an Doktor Delplancq, an die Therapeuten der verschiedenen Bereiche, an die Psychologin Marie-Thérèse Francesconi (deren Zuhören so wichtig für mich war und die mich ermutigt hat, dieses Buch in Angriff zu nehmen …).

Dank an Céline und Elsa, die Logopädinnen, und an Frédéric, den Ergotherapeuten.

Dank an Pastor Wolfgang Gros de Groër, den Krankenhausgeistlichen (für seinen Trost, sein Schweigen, seine ausgestreckte Hand während der ganzen fünf Monate), sowie an Pastorin Birmele und den katholischen Krankenhausgeistlichen des Centre Clemenceau.

Dank an Rabia und Rhizlane und all meine Nachbarn und Bekannten (für die Zeichen ihrer Zuneigung).

Dank an Vincent, Danielle und all meine Gefährten im Centre Clemenceau (für die Begegnungen in der Cafeteria).

Dank an Doktor Hoibian (für seine zahlreichen Anrufe und seine Gutachten).

Dank an meinen behandelnden Arzt, Doktor Kunzer (der mich immer noch unterstützt).

Dank an Doktor Sellal, Neurologe in Colmar (der dieses Manuskript für mich gelesen hat).

Und Dank an all jene, deren Namen ich vergessen habe, die ich aber in meinem Herzen trage.

Dank an all jene, die eine Kerze für mich angezündet haben.

Danke an all jene, die mir immer noch beistehen.

Meine Dankbarkeit ist unendlich groß.

»Erschütternd« Elle

Alexandra Lange
FREIGESPROCHEN
Eine misshandelte Frau
tötet, um zu leben
Aus dem
Französischen von
Monika Buchgeister
256 Seiten
ISBN 978-3-404-60770-9

Als die siebzehnjährige Alexandra den gut aussehenden Marcellino trifft, ist es die berühmte Liebe auf den ersten Blick. Nur wenige Monate nach ihrer ersten Begegnung heiraten die beiden. Doch schon kurz nach der Hochzeit entpuppt sich der vermeintliche Traummann als brutaler Tyrann. Er schlägt Alexandra, er vergewaltigt sie, er hält sie wie eine Sklavin. Mehrfach flieht sie vor ihm, aber wegen der Kinder kehrt sie immer wieder zurück. Eines Tages schließlich eskaliert die Situation. Marcellino würgt Alexandra, die nun in Todesangst um ihr Leben kämpft …

Bastei Lübbe

Werde Teil der Bastei Lübbe Welt
You Tube
www.luebbe.de
Lesen, rezensieren, Bücher gewinnen
Lerne Autoren, Verlagsmitarbeiter und andere Leser kennen